本書の特色と使い方

教科書の内容を各児童の学習進度にあわせて使用できます

教科書の内容に沿って作成していますので，各学年で学習する単元や内容を身につけることができます。

学年や学校の学習進度に関係なく，各児童の学習進度にあわせてご使用ください。

基本的な内容をゆっくりていねいに学べます

算数が苦手な児童でも，無理なく，最後までやりとげられるよう，問題数を少なくしています。

また，児童が自分で問題を解いていくときの支援になるよう，問題を解くヒントや見本をのせています。

うすい文字は，なぞって練習してください。

問題数が多い場合は，1シートの半分ずつを使用するなど，各児童にあわせてご使用ください。

本書をコピー・印刷してくりかえし練習できます

学校の先生方は，学校でコピーや印刷をして使えます。

各児童にあわせて，必要な個所は，拡大コピーするなどしてご使用ください。

「解答例」を参考に指導することができます

本書 p102～「解答例」を掲載しております。まず，指導される方が問題を解き，本書の解答例も参考に解答を作成してください。

児童の多様な解き方や考え方に沿って答え合わせをお願いいたします。

目　次

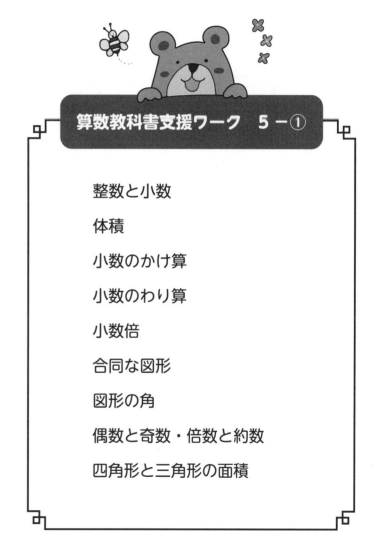

算数教科書支援ワーク　5−①

整数と小数

体積

小数のかけ算

小数のわり算

小数倍

合同な図形

図形の角

偶数と奇数・倍数と約数

四角形と三角形の面積

分　数 (1)

		名 前
月	日	

● 大きさの等しい分数をつくります。図を見て，□にあてはまる数を書きましょう。

①

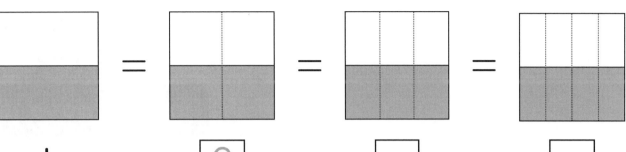

$$\frac{1}{2} = \frac{2}{4} = \frac{\square}{6} = \frac{\square}{8}$$

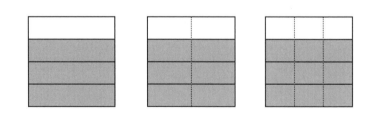

同じ大きさの分数がいくつもあるね。

②

$$\frac{1}{3} = \frac{\square}{6} = \frac{\square}{9}$$

③

$$\frac{3}{4} = \frac{\square}{8} = \frac{\square}{12}$$

		名 前
	月　　日	

● 大きさの等しい分数をつくります。□にあてはまる数を書きましょう。

①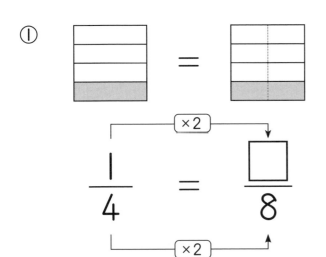

分母と分子に
同じ数を
かけても
大きさは
変わらないね。

③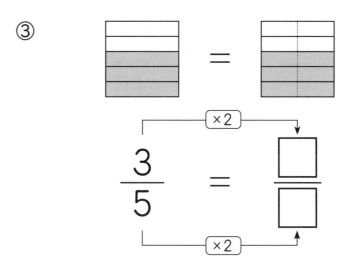

②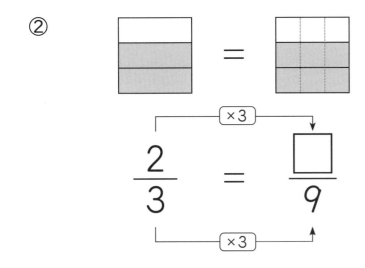

④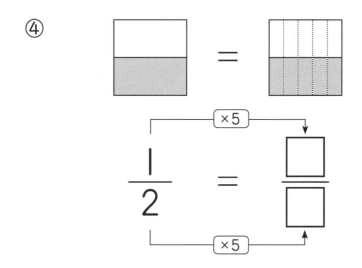

● 大きさの等しい分数をつくります。□にあてはまる数を書きましょう。

① $\dfrac{2}{5} = \dfrac{\square}{10} = \dfrac{\square}{15}$

×2　×3

④ $\dfrac{2}{3} = \dfrac{\square}{15}$

×□

② $\dfrac{3}{8} = \dfrac{6}{\square} = \dfrac{9}{\square}$

×3　×2

⑤ $\dfrac{4}{5} = \dfrac{28}{\square}$

×□

③ $\dfrac{4}{7} = \dfrac{8}{\square} = \dfrac{\square}{21}$

×2　×3

大きさの等しい分数を
つくるには,
分母と分子に同じ数を
かけるといいね。

6

		名　前
月	日	

● 大きさの等しい分数をつくります。□にあてはまる数を書きましょう。

①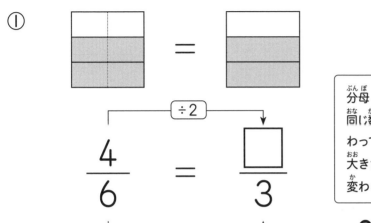

$$\frac{4}{6} = \frac{\square}{3}$$

÷2

÷2

分母と分子を
同じ数で
わっても
大きさは
変わらないね。

③

÷3

$$\frac{15}{18} = \frac{\square}{6}$$

÷3

②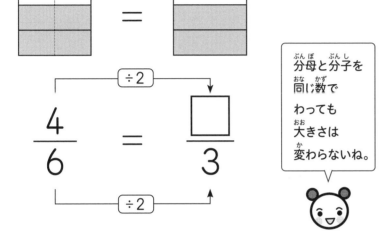

$$\frac{9}{12} = \frac{3}{\square}$$

÷3

÷3

④

÷4

$$\frac{8}{20} = \frac{2}{\square}$$

÷4

		名　前
月	日	

● 大きさの等しい分数をつくります。□にあてはまる数を書きましょう。

① $\dfrac{6}{21} = \dfrac{\square}{7}$ 　÷ 3

② $\dfrac{20}{25} = \dfrac{\square}{5}$ 　÷ □

③ ÷ □ 　$\dfrac{28}{32} = \dfrac{7}{\square}$

④ ÷ □ 　$\dfrac{20}{30} = \dfrac{2}{\square}$

⑤ $\dfrac{15}{27} = \dfrac{\square}{9}$ 　÷ □

大きさの等しい分数を
つくるには，
ぶんぼ　ぶんし　おな　かず
分母と分子を同じ数で
わるといいね。

8

分数 (6)　　約分

● $\dfrac{4}{6}$ を約分しましょう。

> 分数の分母と分子を同じ数でわって，
> 分母の小さい分数にすることを
> 約分するといいます。

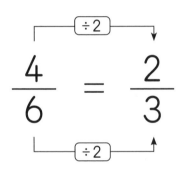

$$\dfrac{4}{6} = \dfrac{2}{3}$$

もうこれ以上
約分できないかを
確かめよう。

$$\dfrac{4}{6} = \dfrac{\square}{\square}$$

■ 約分しましょう。

①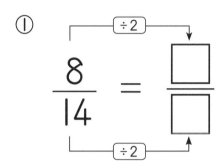

$$\dfrac{8}{14} = \dfrac{\square}{\square}$$

② $\dfrac{9}{15} = \dfrac{\square}{\square}$

③ $\dfrac{4}{12} = \dfrac{\square}{\square}$

④ $\dfrac{6}{9} = \dfrac{\square}{\square}$

⑤ $\dfrac{15}{35} = \dfrac{\square}{\square}$

● $\dfrac{4}{8}$ を約分しましょう。

約分のしかた ❶

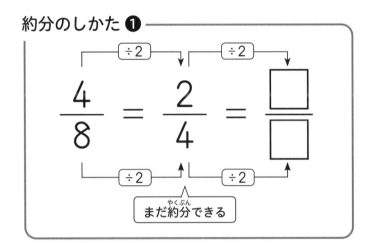

約分のしかた ❷

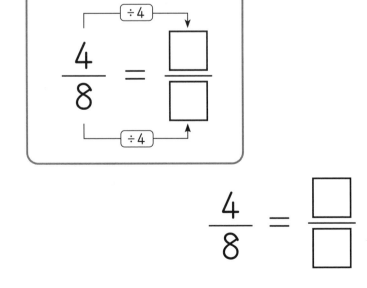

$$\dfrac{4}{8} = \dfrac{\square}{\square}$$

■ 約分しましょう。

① $\dfrac{8}{16} = \dfrac{\square}{\square}$

② $\dfrac{20}{30} = \dfrac{\square}{\square}$

③ $\dfrac{24}{32} = \dfrac{\square}{\square}$

④ $\dfrac{27}{45} = \dfrac{\square}{\square}$

これ以上
約分できないか
確かめよう。

分数 (8)　　通分

● $\frac{1}{2}$ と $\frac{2}{3}$ を通分しましょう。

分母のちがう分数を，分母が同じ分数になおすことを通分するといいます。

$$\frac{1}{2} , \frac{2}{3} \Rightarrow \frac{3}{6} , \frac{4}{6}$$

$\frac{1}{2}$ に等しい分数　　$\frac{1}{2}$，$\frac{2}{4}$，$\frac{3}{⑥}$

$\frac{2}{3}$ に等しい分数　　$\frac{2}{3}$，$\frac{4}{⑥}$，$\frac{6}{9}$

6は，2と3の
最小公倍数になっているね。

■ 通分しましょう。

① $\frac{1}{3}$ ， $\frac{3}{4}$ $\Rightarrow$ $\frac{\square}{12}$ ， $\frac{\square}{12}$

3 の倍数…3，6，9，⑫，…
4 の倍数…4，8，⑫，16，…

3と4の
最小公倍数

② $\frac{1}{4}$ ， $\frac{3}{8}$ $\Rightarrow$ $\frac{\square}{\square}$ ， $\frac{\square}{\square}$

4 の倍数… 4，⑧，12，…
8 の倍数…⑧，16，24，…

4と8の
最小公倍数

③ $\frac{4}{9}$ ， $\frac{5}{6}$ $\Rightarrow$ $\frac{\square}{\square}$ ， $\frac{\square}{\square}$

9 の倍数 … 9，18，27，…
6 の倍数 … 6，12，18，…

		名前
月	日	

● 通分しましょう。

① $\dfrac{3}{8}$, $\dfrac{1}{6}$ ➡ $\dfrac{\square}{\square}$, $\dfrac{\square}{\square}$

8と6の
最小公倍数

8の倍数 … 8, 16, 24, 32, …
6の倍数 … 6, 12, 18, 24, …

② $\dfrac{3}{10}$, $\dfrac{2}{15}$ ➡ $\dfrac{\square}{\square}$, $\dfrac{\square}{\square}$

10の倍数 … $\square$, $\square$, $\square$, …
15の倍数 … $\square$, $\square$, $\square$, …

③ $\dfrac{2}{9}$, $\dfrac{2}{3}$ ➡ $\dfrac{\square}{\square}$, $\dfrac{\square}{\square}$

9の倍数 … $\square$, $\square$, $\square$, …
3の倍数 … $\square$, $\square$, $\square$, …

④ $\dfrac{4}{7}$, $\dfrac{1}{2}$ ➡ $\dfrac{\square}{\square}$, $\dfrac{\square}{\square}$

7の倍数 … $\square$, $\square$, $\square$, …
2の倍数 … $\square$, $\square$, $\square$, $\square$, $\square$, $\square$, $\square$, …

分数 (10)　通分

名前

月　日

● 次の分数を通分して大きさをくらべ,
　□にあてはまる等号や不等号を書きましょう。

① $\dfrac{3}{4}$ □ $\dfrac{2}{3}$　通分する→ $\dfrac{□}{12}$, $\dfrac{□}{12}$

4と3の
最小公倍数

4の倍数 … 4, 8, 12, …
3の倍数 … 3, 6, 9, 12, …

③ $\dfrac{1}{3}$ □ $\dfrac{2}{5}$　通分する→ $\dfrac{□}{□}$, $\dfrac{□}{□}$

3の倍数 … □, □, □, □, □, …
5の倍数 … □, □, □, …

② $\dfrac{5}{6}$ □ $\dfrac{8}{9}$ → $\dfrac{□}{□}$, $\dfrac{□}{□}$

6の倍数 … □, □, □, …
9の倍数 … □, □, …

④ $\dfrac{3}{8}$ □ $\dfrac{9}{24}$ → $\dfrac{□}{□}$, $\dfrac{□}{□}$

8の倍数 … □, □, □, …
24の倍数 … □, …

分数のたし算・ひき算 (1)

分数のたし算
(約分なし)

	名 前
月 　 日	

● 計算をしましょう。

① $\dfrac{1}{2} + \dfrac{3}{4} = \dfrac{2}{④} + \dfrac{3}{④}$ 　2と4の最小公倍数

$= \dfrac{\square}{\square}$ 　$\left(\dfrac{\square}{} \dfrac{\square}{} \right)$

分母のちがう
分数どうしの計算は
通分してから
計算するよ。

② $\dfrac{3}{8} + \dfrac{5}{12} = \dfrac{\square}{\square} + \dfrac{\square}{\square}$ 　8と12の最小公倍数

$= \dfrac{\square}{\square}$

③ $\dfrac{5}{6} + \dfrac{1}{9} = \dfrac{\square}{\square} + \dfrac{\square}{\square}$ 　6と9の最小公倍数

$= \dfrac{\square}{\square}$

④ $\dfrac{2}{5} + \dfrac{3}{8} = \dfrac{\square}{\square} + \dfrac{\square}{\square}$ 　5と8の最小公倍数

$= \dfrac{\square}{\square}$

⑤ $\dfrac{7}{10} + \dfrac{4}{15} = \dfrac{\square}{\square} + \dfrac{\square}{\square}$ 　10と15の最小公倍数

$= \dfrac{\square}{\square}$

	月	日	名 前

● 計算をしましょう。

① $\dfrac{2}{15} + \dfrac{2}{3} = \dfrac{2}{15} + \dfrac{10}{15}$ ◁通分

$= \dfrac{12}{15}^{\,4}_{\,5}$ ◁約分できるものは約分しよう

$= \dfrac{\square}{\square}$

② $\dfrac{4}{9} + \dfrac{7}{18} = \dfrac{\square}{\square} + \dfrac{\square}{\square}$ ◁通分

$= \dfrac{\square}{\square}$ ◁約分しよう

$= \dfrac{\square}{\square}$

③ $\dfrac{1}{4} + \dfrac{5}{12} = \dfrac{\square}{\square} + \dfrac{\square}{\square}$ ◁通分

$= \dfrac{\square}{\square}$ ◁約分しよう

$= \dfrac{\square}{\square}$

④ $\dfrac{2}{7} + \dfrac{3}{14} = \dfrac{\square}{\square} + \dfrac{\square}{\square}$ ◁通分

$= \dfrac{\square}{\square}$ ◁約分しよう

$= \dfrac{\square}{\square}$

名前

月　日

● 計算をしましょう。

① $1\dfrac{1}{3} + 1\dfrac{2}{9} = ①\boxed{\dfrac{3}{9}} + ①\boxed{\dfrac{2}{9}}$　通分

　　　　　　$= \boxed{2}\dfrac{\boxed{5}}{\boxed{9}}$

整数どうし,
分数どうしで
計算するよ。

② $2\dfrac{1}{4} + 1\dfrac{1}{6} = \boxed{}\dfrac{\boxed{}}{\boxed{}} + \boxed{}\dfrac{\boxed{}}{\boxed{}}$　通分

　　　　　　$= \boxed{}\dfrac{\boxed{}}{\boxed{}}$

③ $2\dfrac{3}{10} + 2\dfrac{1}{5} = \boxed{}\dfrac{\boxed{}}{\boxed{}} + \boxed{}\dfrac{\boxed{}}{\boxed{}}$　通分

　　　　　　$= \boxed{}\dfrac{\boxed{}}{\boxed{}}$　約分

　　　　　　$= \boxed{}\dfrac{\boxed{}}{\boxed{}}$

④ $\dfrac{2}{21} + 1\dfrac{4}{7} = \dfrac{\boxed{}}{\boxed{}} + \boxed{}\dfrac{\boxed{}}{\boxed{}}$　通分

　　　　　　$= \boxed{}\dfrac{\boxed{}}{\boxed{}}$　約分

　　　　　　$= \boxed{}\dfrac{\boxed{}}{\boxed{}}$

		名 前
月	日	

● 計算をしましょう。

① $1\dfrac{1}{3} + 1\dfrac{5}{6} = 1\dfrac{2}{6} + 1\dfrac{5}{6}$ ◁ 通分

$= 2\dfrac{7}{6}$ ◁ $\dfrac{6}{6}=1$ だから 1くり上がる

$= \boxed{3}\dfrac{\boxed{1}}{\boxed{6}}$

② $1\dfrac{5}{14} + 2\dfrac{6}{7} = \boxed{\ }\dfrac{\boxed{\ }}{\boxed{\ }} + \boxed{\ }\dfrac{\boxed{\ }}{\boxed{\ }}$ ◁ 通分

$= \boxed{\ }\dfrac{\boxed{\ }}{\boxed{\ }}$

$= \boxed{\ }\dfrac{\boxed{\ }}{\boxed{\ }}$

③ $1\dfrac{3}{4} + 1\dfrac{5}{8} = \boxed{\ }\dfrac{\boxed{\ }}{\boxed{\ }} + \boxed{\ }\dfrac{\boxed{\ }}{\boxed{\ }}$ ◁ 通分

$= \boxed{\ }\dfrac{\boxed{\ }}{\boxed{\ }}$

$= \boxed{\ }\dfrac{\boxed{\ }}{\boxed{\ }}$

分数のたし算・ひき算 (5) 帯分数のたし算

		名前
月	日	

● 仮分数になおして計算しましょう。

① $1\dfrac{1}{2} + 1\dfrac{1}{3} = \dfrac{3}{2} + \dfrac{4}{3}$ ◁仮分数

$= \dfrac{\square}{\square} + \dfrac{\square}{\square}$ ◁通分

$= \dfrac{\square}{\square} \left(\square\dfrac{\square}{\square}\right)$

② $1\dfrac{2}{3} + 1\dfrac{1}{9} = \dfrac{\square}{\square} + \dfrac{\square}{\square}$ ◁仮分数

$= \dfrac{\square}{\square} + \dfrac{\square}{\square}$ ◁通分

$= \dfrac{\square}{\square} \left(\square\dfrac{\square}{\square}\right)$

③ $2\dfrac{1}{2} + \dfrac{1}{6} = \dfrac{\square}{2} + \dfrac{1}{6}$ ◁仮分数

$= \dfrac{\square}{\square} + \dfrac{\square}{\square}$ ◁通分

$= \dfrac{\square}{\square}$ ◁約分

$= \dfrac{\square}{\square} \left(\square\dfrac{\square}{\square}\right)$

分数のたし算・ひき算 (6)

分数のひき算
（約分なし）

● 計算をしましょう。

① $\dfrac{2}{3} - \dfrac{1}{4} = \dfrac{8}{⑫} - \dfrac{3}{⑫}$ ◁ 通分

$= \dfrac{\square}{\square}$

② $\dfrac{7}{9} - \dfrac{1}{6} = \dfrac{\square}{\square} - \dfrac{\square}{\square}$ ◁ 通分

$= \dfrac{\square}{\square}$

③ $\dfrac{7}{10} - \dfrac{5}{8} = \dfrac{\square}{\square} - \dfrac{\square}{\square}$ ◁ 通分

$= \dfrac{\square}{\square}$

④ $\dfrac{5}{6} - \dfrac{3}{4} = \dfrac{\square}{\square} - \dfrac{\square}{\square}$ ◁ 通分

$= \dfrac{\square}{\square}$

⑤ $\dfrac{3}{5} - \dfrac{1}{2} = \dfrac{\square}{\square} - \dfrac{\square}{\square}$ ◁ 通分

$= \dfrac{\square}{\square}$

ぶんすう　ざん　ざん
分数のたし算・ひき算 (7)
ぶんすう　ざん
分数のひき算
やくぶん
（約分あり）

月	日	名 前

● けいさん
計算をしましょう。

① $\dfrac{2}{3} - \dfrac{5}{12} = \dfrac{8}{12} - \dfrac{5}{12}$ ◁ つうぶん 通分

$= \dfrac{\cancel{3}\ \ 1}{\cancel{12}\ \ 4}$ ◁ やくぶん 約分できるものは やくぶん 約分しよう

$= \dfrac{\Box}{\Box}$

② $\dfrac{3}{5} - \dfrac{7}{20} = \dfrac{\Box}{\Box} - \dfrac{\Box}{\Box}$ ◁ つうぶん 通分

$= \dfrac{\Box}{\Box}$ ◁ やくぶん 約分

$= \dfrac{\Box}{\Box}$

③ $\dfrac{7}{6} - \dfrac{3}{10} = \dfrac{\Box}{\Box} - \dfrac{\Box}{\Box}$ ◁ つうぶん 通分

$= \dfrac{\Box}{\Box}$ ◁ やくぶん 約分

$= \dfrac{\Box}{\Box}$

④ $\dfrac{5}{7} - \dfrac{8}{21} = \dfrac{\Box}{\Box} - \dfrac{\Box}{\Box}$ ◁ つうぶん 通分

$= \dfrac{\Box}{\Box}$ ◁ やくぶん 約分

$= \dfrac{\Box}{\Box}$

	名 前
月　　日	

● 計算をしましょう。

① $3\dfrac{4}{5} - 1\dfrac{1}{6} = $ ③$\boxed{\dfrac{24}{30}} - $①$\boxed{\dfrac{5}{30}}$ ◁ 通分

$= \boxed{}\dfrac{\boxed{}}{\boxed{}}$

整数どうし、分数どうしで計算するよ。

② $2\dfrac{4}{9} - 1\dfrac{1}{3} = \boxed{}\dfrac{\boxed{}}{\boxed{}} - \boxed{}\dfrac{\boxed{}}{\boxed{}}$ ◁ 通分

$= \boxed{}\dfrac{\boxed{}}{\boxed{}}$

③ $2\dfrac{4}{5} - 1\dfrac{3}{10} = \boxed{}\dfrac{\boxed{}}{\boxed{}} - \boxed{}\dfrac{\boxed{}}{\boxed{}}$ ◁ 通分

$= \boxed{}\dfrac{\boxed{}}{\boxed{}}$ ◁ 約分

$= \boxed{}\dfrac{\boxed{}}{\boxed{}}$

④ $3\dfrac{5}{6} - \dfrac{7}{12} = \boxed{}\dfrac{\boxed{}}{\boxed{}} - \dfrac{\boxed{}}{\boxed{}}$ ◁ 通分

$= \boxed{}\dfrac{\boxed{}}{\boxed{}}$ ◁ 約分

$= \boxed{}\dfrac{\boxed{}}{\boxed{}}$

● 仮分数になおして計算しましょう。

① $2\dfrac{1}{8} - 1\dfrac{3}{4} = \dfrac{17}{8} - \dfrac{7}{4}$ ◁ 仮分数

$= \dfrac{\Box}{\Box} - \dfrac{\Box}{\Box}$ ◁ 通分

$= \dfrac{\Box}{\Box}$

② $1\dfrac{2}{5} - \dfrac{5}{6} = \dfrac{\Box}{\Box} - \dfrac{\Box}{\Box}$ ◁ 仮分数

$= \dfrac{\Box}{\Box} - \dfrac{\Box}{\Box}$ ◁ 通分

$= \dfrac{\Box}{\Box}$

③ $2\dfrac{1}{12} - 1\dfrac{1}{4} = \dfrac{\Box}{\Box} - \dfrac{\Box}{\Box}$ ◁ 仮分数

$= \dfrac{\Box}{\Box} - \dfrac{\Box}{\Box}$ ◁ 通分

$= \dfrac{\Box}{\Box}$ ◁ 約分

$= \dfrac{\Box}{\Box}$

		名　前
月	日	

● 計算をしましょう。

① $\dfrac{3}{4} + \dfrac{2}{3} + \dfrac{1}{2} = \dfrac{9}{12} + \dfrac{8}{12} + \dfrac{6}{12}$

$= \dfrac{\Box}{\Box} \left(\Box \dfrac{\Box}{\Box} \right)$

3つの分数を
通分して
計算するよ。

② $\dfrac{1}{5} - \dfrac{1}{10} + \dfrac{3}{20} = \dfrac{\Box}{\Box} - \dfrac{\Box}{\Box} + \dfrac{\Box}{\Box}$

$= \dfrac{\Box}{\Box}$ ← 約分

$= \dfrac{\Box}{\Box}$

③ $\dfrac{5}{12} + \dfrac{1}{8} - \dfrac{1}{24} = \dfrac{\Box}{\Box} + \dfrac{\Box}{\Box} - \dfrac{\Box}{\Box}$

$= \dfrac{\Box}{\Box}$ ← 約分

$= \dfrac{\Box}{\Box}$

分数と小数・整数 (1)

● ジュースを 3 人で等分します。1 人分は何 L になりますか。

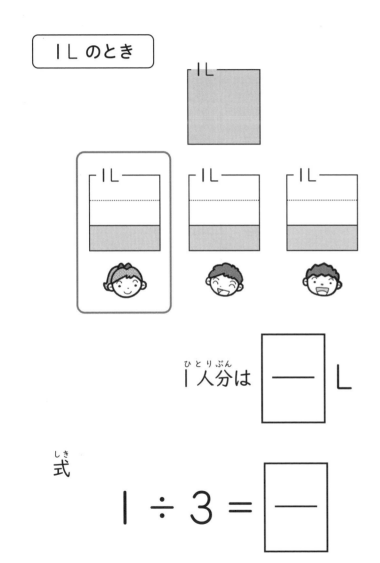

1L のとき

1 人分は □/□ L

式　　1 ÷ 3 = □/□

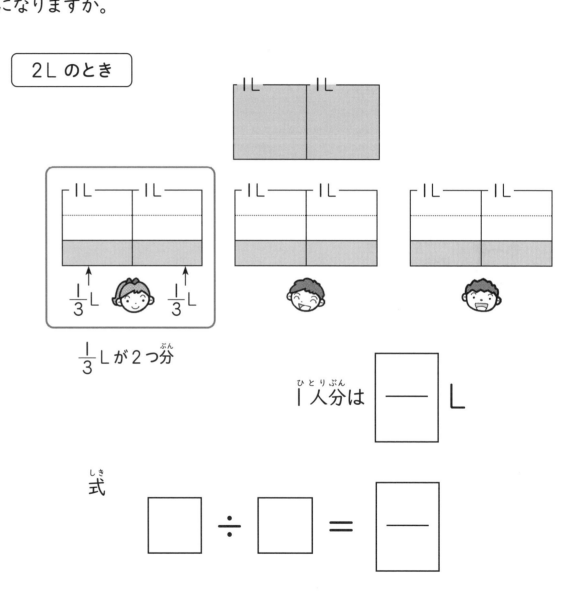

2L のとき

1/3 L が 2 つ分

1 人分は □/□ L

式　□ ÷ □ = □/□

24

分数と小数・整数 (2)

● 4L のジュースを 3人で等分します。

1人分は何 L になりますか。

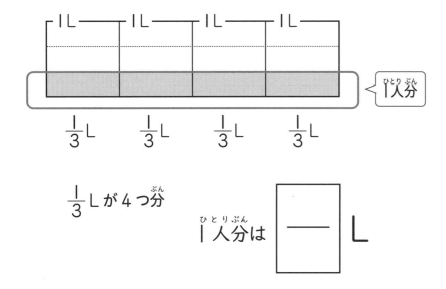

$\frac{1}{3}$L が 4つ分

1人分は $\dfrac{\boxed{}}{\boxed{}}$ L

式

$$4 \div 3 = \dfrac{\boxed{}}{\boxed{}}$$

■ 3L のジュースを 4人で等分します。

1人分は何 L になりますか。

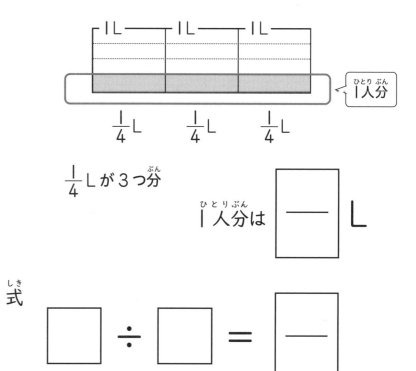

$\frac{1}{4}$L が 3つ分

1人分は $\dfrac{\boxed{}}{\boxed{}}$ L

式

$$\boxed{} \div \boxed{} = \dfrac{\boxed{}}{\boxed{}}$$

整数どうしのわり算の
商は，分数で表すことが
できます。　$■ \div ● = \dfrac{■}{●}$

● わり算の商を分数で表しましょう。

① $4 \div 7 = \dfrac{4}{7}$

$\blacksquare \div \bullet = \dfrac{\blacksquare}{\bullet}$

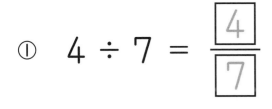

② $5 \div 9 = \dfrac{\square}{\square}$

③ $7 \div 8 = \dfrac{\square}{\square}$

④ $11 \div 13 = \dfrac{\square}{\square}$

■ □にあてはまる数を書きましょう。

① $\dfrac{8}{9} = 8 \div \square$

② $\dfrac{7}{3} = \square \div \square$

③ $\dfrac{1}{6} = \square \div \square$

④ $\dfrac{10}{9} = \square \div \square$

		名 前
月	日	

● 分数を小数で表しましょう。

① $\dfrac{6}{5}$ = ☐6☐ ÷ ☐5☐

　　= ☐

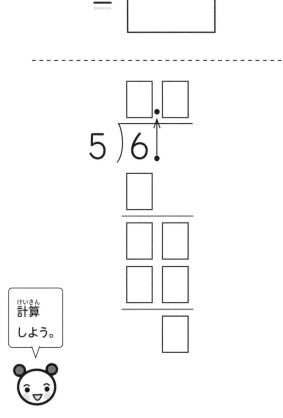

計算
しよう。

② $\dfrac{3}{4}$ = ☐ ÷ ☐

　　= ☐

③ $\dfrac{5}{8}$ = ☐ ÷ ☐

　　= ☐

● 分数を小数で表しましょう。

① $2\dfrac{1}{2} = \dfrac{\boxed{5}}{2}$ 〈 仮分数に なおす

$= \Box \div \Box$

$= \boxed{}$

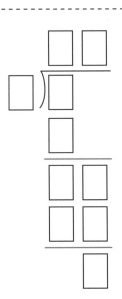

② $1\dfrac{3}{5} = \dfrac{\Box}{\Box}$

$= \Box \div \Box$

$= \boxed{}$

③ $3\dfrac{3}{4} = \dfrac{\Box}{\Box}$

$= \Box \div \Box$

$= \boxed{}$

● 小数を分数で表しましょう。

$$0.1 = \frac{1}{10}$$

$$0.01 = \frac{1}{100}$$

$$0.001 = \frac{1}{1000}$$

どんな小数でも
分数で表す
ことができるよ。

① $0.3 = \dfrac{\square}{10}$

② $2.5 = \dfrac{\square}{10}$ ←約分

$= \dfrac{\square}{\square}$

③ $0.09 = \dfrac{\square}{100}$

④ $1.8 = \dfrac{\square}{\square}$ ←約分

$= \dfrac{\square}{\square}$

⑤ $2.03 = \dfrac{\square}{\square}$

	名 前
月　　日	

● 小数を分数で表しましょう。

① $3.2 = \dfrac{\Box}{\Box}$ ◁ 約分

$= \dfrac{\Box}{\Box}$

② $0.06 = \dfrac{\Box}{\Box}$ ◁ 約分

$= \dfrac{\Box}{\Box}$

③ $4.17 = \dfrac{\Box}{\Box}$

● 整数を分数で表しましょう。

① $8 = \dfrac{8}{1}$

② $7 = \dfrac{\Box}{1}$

③ $12 = \dfrac{\Box}{1}$

④ $15 = \dfrac{\Box}{1}$

⑤ $37 = \dfrac{\Box}{1}$

整数は,
1を分母とする
分数で表す
ことができるよ。

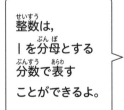

● 次の数の大小をくらべて，□に等号や不等号を書きましょう。

① $0.8 \boxed{} \dfrac{5}{6}$

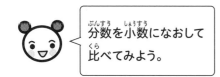

分数を小数になおして
比べてみよう。

$\dfrac{5}{6} = 5 \div 6$

$\phantom{\dfrac{5}{6}} = 0.8333\cdots$

② $2.3 \boxed{} \dfrac{9}{4}$

$\dfrac{9}{4} = \boxed{} \div \boxed{}$

$\phantom{\dfrac{9}{4}} = \boxed{}$

③ $0.6 \boxed{} \dfrac{3}{5}$

$\dfrac{3}{5} = \boxed{} \div \boxed{}$

$\phantom{\dfrac{3}{5}} = \boxed{}$

④ $1.8 \boxed{} \dfrac{12}{7}$

$\dfrac{12}{7} = \boxed{} \div \boxed{}$

$\phantom{\dfrac{12}{7}} = \boxed{}$

⑤ $3.1 \boxed{} 3\dfrac{1}{8}$

$3\dfrac{1}{8} = \dfrac{\boxed{}}{8}$

$\phantom{3\dfrac{1}{8}} = \boxed{} \div \boxed{}$

$\phantom{3\dfrac{1}{8}} = \boxed{}$

しょうすう　ぶんすう　けいさん
● 小数を分数になおして計算しましょう。

① $\dfrac{2}{3} + 0.7 = \dfrac{2}{3} + \dfrac{\square}{10}$

$= \dfrac{\square}{30} + \dfrac{\square}{30}$ ◁ 通分 (つうぶん)

$= \dfrac{\square}{30} \left(\square\dfrac{\square}{30} \right)$

帯分数 (たいぶんすう)

② $\dfrac{9}{8} - 0.8 = \dfrac{9}{8} - \dfrac{\square}{\square}$ 約分 (やくぶん)

$= \dfrac{9}{8} - \dfrac{\square}{\square}$

$= \dfrac{\square}{\square} - \dfrac{\square}{\square}$ ◁ 通分 (つうぶん)

$= \dfrac{\square}{\square}$

③ $\dfrac{5}{7} + 0.25 = \dfrac{5}{7} + \dfrac{\square}{\square}$ 約分 (やくぶん)

$= \dfrac{5}{7} + \dfrac{\square}{\square}$

$= \dfrac{\square}{\square} + \dfrac{\square}{\square}$ ◁ 通分 (つうぶん)

$= \dfrac{\square}{\square}$

分数と小数・整数（10）

分数倍

● 赤のテープの長さは 5m です。

青のテープの長さは 7m です。

赤のテープは，青のテープの長さ<u>の</u>何倍ですか。

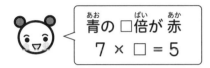
青の □倍が 赤
7 × □ = 5

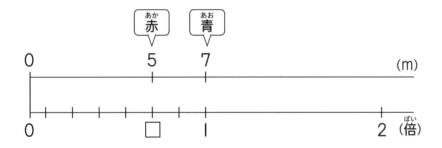

式　$5 ÷ 7 = \dfrac{\ }{\ }$　分数で答えよう

答え　$\dfrac{\ }{\ }$ 倍

● 白のテープの長さは 5m です。

緑のテープの長さは 3m です。

白のテープは，緑のテープの長さ<u>の</u>何倍ですか。

緑の □倍が 白
3 × □ = 5

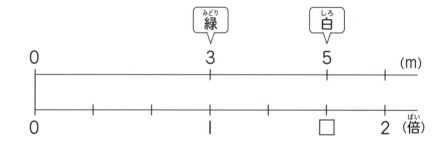

式　$5 ÷ 3 = \dfrac{\ }{\ }$

答え　$\dfrac{\ }{\ }$ 倍

比例 (1)

● 下の図のように高さが 3cm の箱を積み重ねていきます。

　箱の数□個と，高さ○cm の関係を調べましょう。

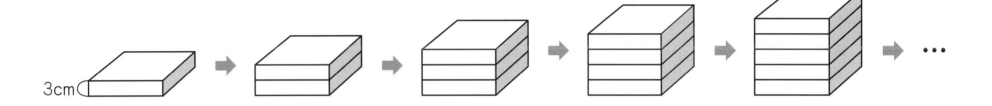

3cm

① 箱の数□と高さ○の関係を表にまとめましょう。

箱の数□（個）	1	2	3	4	5	6	7
高さ○（cm）	3	6					

② 箱の数□が2倍，3倍，…になると，

高さ○も2倍，3倍，…になっていますか。

（　なっている　・　なっていない　）

どちらかに○をしよう

③ □にあてはまることばや数を書きましょう。

2つの量□と○があり，□が2倍，3倍，

…になると，それにともなって○も

□ 倍，□ 倍，…になるとき，

「○は□に □ する」

といいます。

34

比例 (2)

		名 前
月	日	

● 下の図のように, 直方体のたてを 4cm, 横の長さを 5cm と決めて, 高さを 1cm, 2cm, 3cm, …と変えていきます。

高さ□cm と体積○cm³ の関係を調べましょう。

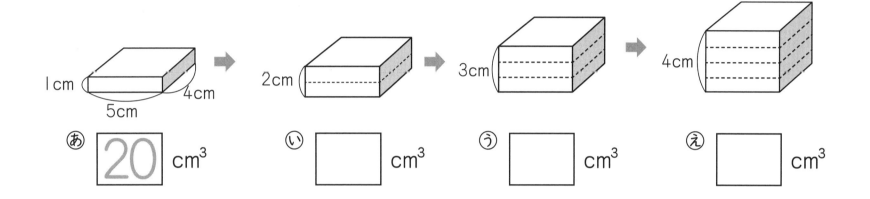

あ ［20］ cm³   い ［　］ cm³   う ［　］ cm³   え ［　］ cm³

① 上のあ～えの体積を□に書きましょう。

② 高さ□cm と体積○cm³ の関係を表にまとめましょう。

高さ □ (cm)	1	2	3	4	5	6	7
体積 ○ (cm³)	20						

③ ○(体積)は □(高さ) に
比例していますか。

（ 比例している ・ 比例していない ）

どちらかに○をしよう

35

比例 (3)

● 1まい 25円の色紙があります。この色紙を 1まい，2まい，3まい，…と買ったとき，代金はどのように変わりますか。まい数 □まいと代金 ○円の関係を調べましょう。

① まい数 □まいと，代金 ○円の関係を表にまとめましょう。

まい数 □（まい）	1	2	3	4	5	6
代金 ○（円）	25					

② ○（代金）は □（まい数）に比例していますか。

（ 比例している ・ 比例していない ）

どちらかに○をしよう

まい数が 2倍，3倍，…になると，代金も 2倍，3倍，…になっているかな。

③ □（まい数）と○（代金）の関係を式に表します。□にあてはまる数を書きましょう。

ことばの式で表すと

| 1まいのねだん | × | まい数 | = | 代金 |

□ × □ = ○

④ 色紙を 12まい買ったときの代金を求めましょう。

式

□ × □ = □

答え □ 円

36

比例 (4)

● 次のともなって変わる2つの数量で，〇が□に比例しているものはどれですか。

（　）に〇をしましょう。

① 1m 80円のリボンを買うときの
長さ □m と代金 〇円

リボンの長さ □(m)	1	2	3	4	5	6
代金 〇(円)	80	160	240	320	400	480

（　　　）

② 20個入りのクッキーの，
食べた数 □個と残りの数 〇個

食べた数 □(個)	1	2	3	4	5	6
残りの数 〇(個)	19	18	17	16	15	14

（　　　）

③ たての長さが 3cm の長方形の
横の長さ □cm と面積 〇cm²

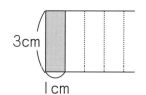

3cm
1cm

横の長さ □(cm)	1	2	3	4	5	6
面積 〇(cm²)	3	6	9	12	15	18

（　　　）

□が2倍，3倍，…になると，
それにともなって
〇も2倍，3倍，…に
なっているのはどれかな。

37

平均 (1)

● ジュースが 3 つのコップに入っています。

3 つのジュースの量を同じにするにはどうしたらよいですか。

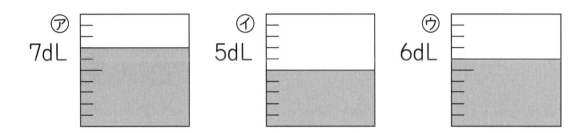

⑦ 7dL　④ 5dL　⑦ 6dL

① ジュースは全部で何 dL ですか。

式 　□ ＋ □ ＋ □ ＝ □

　　　　　　　　　　　□ dL

② 全部の量を 3 つのコップに等しく分けると，

1 つ分は何 dL ですか。

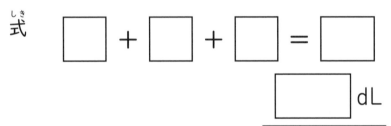

式 　□ ÷ □ ＝ □

　　　　　　　□ dL

①, ②を 1 つの式に表そう。

式　ジュースの量の合計　　個数　平均

$$(□ ＋ □ ＋ □) ÷ □ ＝ □$$

平均 ＝ 合計 ÷ 個数

38

平均 (2)

● 4個のキウイフルーツの重さをはかりました。

キウイフルーツの重さは，1個平均何gですか。

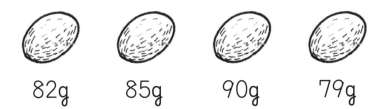

82g　　85g　　90g　　79g

式

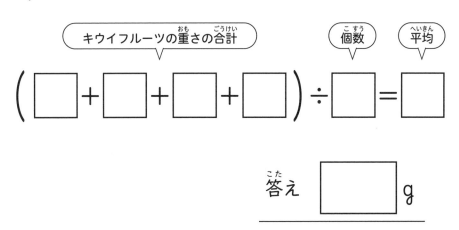

キウイフルーツの重さの合計　　個数　平均

$(\Box + \Box + \Box + \Box) \div \Box = \Box$

答え $\Box$ g

● 4本の大根の長さをはかりました。

大根の長さは，1本平均何cmですか。

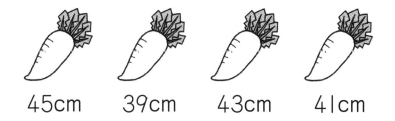

45cm　　39cm　　43cm　　41cm

式

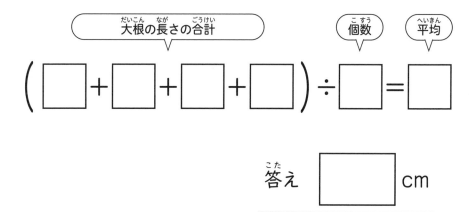

大根の長さの合計　　個数　平均

$(\Box + \Box + \Box + \Box) \div \Box = \Box$

答え $\Box$ cm

平均 (3)

● 下の表は，みゆさんが 4 月から 8 月に図書館で本を借りた数です。1 か月に平均何さつ本を借りたことになりますか。

本を借りた数

月	4	5	6	7	8
本の数 (さつ)	2	5	3	6	5

 平均 ＝ 合計 ÷ 個数

式

	÷		＝	

 平均は小数で表すこともあるよ。

答え ◻ さつ

● 下の表は，けんたさんのサッカーチームの 5 試合の得点です。1 試合の得点は平均何点ですか。

5 試合の得点

試合	1	2	3	4	5
得点 (点)	2	4	1	1	3

式

答え ◻ 点

平均 (4)

● 下の表は，えみさんのクラスの先週の欠席者の人数です。1日の欠席者は平均何人ですか。

欠席者の人数

曜日	月	火	水	木	金
人数（人）	2	0	2	3	1

平均を求めるときは，
0のときも個数に入れるよ。

式

$$(\boxed{} + \boxed{0} + \boxed{} + \boxed{} + \boxed{}) \div \boxed{} = \boxed{}$$

答え　□ 人

● 下の表は，あかりさんのバスケットボールでの試合のシュート数の記録です。

1試合のシュート数は平均何本ですか。

シュートの数

試合	1	2	3	4	5
シュートの数（本）	5	1	3	0	4

0も計算に入れよう。

式

答え　□ 本

41

平均 (5)

● たまごが 30 個あります。

そのうち，4 個を取り出して重さをはかりました。

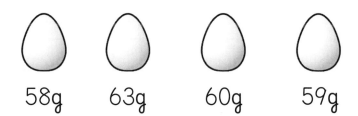

58g   63g   60g   59g

① たまご 1 個の重さは平均 何gですか。

式

答え □ g

② たまご 30個の重さは，何 g になると考えられますか。

式

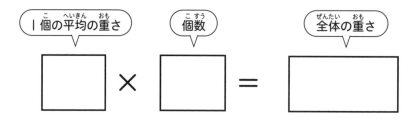

1個の平均の重さ		個数		全体の重さ
□	×	□	=	□

答え 約 □ g

42

平均 (6)

● ゆうたさんの歩はばの平均は 0.65m です。

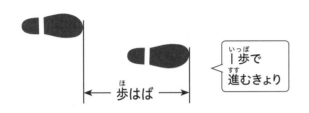

① ゆうたさんが 100 歩歩いたら約 何mですか。

式

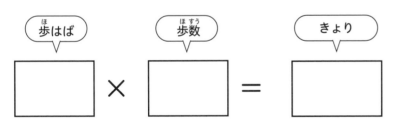

答え　約 [　　] m

② ゆうたさんが家からコンビニエンスストアまで歩くと 400 歩でした。

家からコンビニエンスストアまで約 何mですか。

式

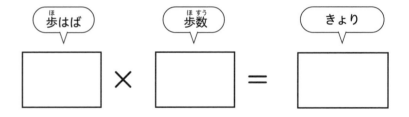

答え　約 [　　] m

43

単位量あたりの大きさ（1）

		名　前
月	日	

● 　あと○の部屋に子どもがいます。どちらの部屋がこんでいるといえますか。

① 　あ　たたみ　6まい　　　　　○　たたみ　8まい

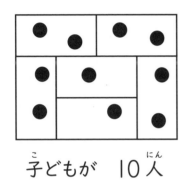

子どもが　10人

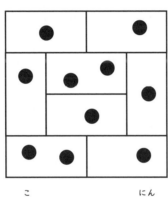

子どもが　10人

★ 　あと○をくらべると

どちらかに○をしよう

たたみのまい数は （ 同じ ・ ちがう ）

人数は （ 同じ ・ ちがう ）

こんでいるのは　□

② 　あ　たたみ　6まい　　　　　○　たたみ　6まい

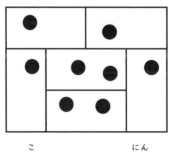

子どもが　8人

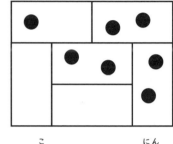

子どもが　7人

★ 　あと○をくらべると

どちらかに○をしよう

たたみのまい数は （ 同じ ・ ちがう ）

人数は （ 同じ ・ ちがう ）

こんでいるのは　□

単位量あたりの大きさ (2)

● あといの部屋に子どもがいます。どちらの部屋がこんでいるといえますか。

① あ　たたみ　8まい

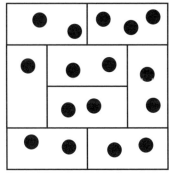

子どもが　16人

い　たたみ　6まい

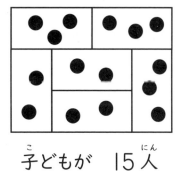

子どもが　15人

★　あといをくらべると

どちらかに○をしよう

たたみのまい数は（ 同じ ・ ちがう ）

人数は（ 同じ ・ ちがう ）

たたみのまい数も人数もちがうときは、どうやってくらべたらいいかな。

② たたみ1まいあたりの人数を求めてくらべましょう。

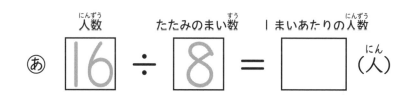
あ　人数 16 ÷ たたみのまい数 8 ＝ □ 1まいあたりの人数（人）

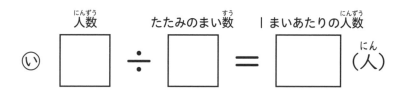
い　人数 □ ÷ たたみのまい数 □ ＝ □ 1まいあたりの人数（人）

たたみ1まいあたりの人数が多い方がこんでいるね。

こんでいるのは □

単位量あたりの大きさ (3)

● かいとさんが乗った電車は,

3両で54人乗っていました。

1両あたり平均何人乗って

いることになりますか。

式

人数　車両の数　1両あたりの人数

$$54 \div 3 = \boxed{}$$
(人)

答え $\boxed{}$ 人

● ㋐と㋑の電車が駅を発車しました。

㋐の電車は5両で160人乗っていました。

㋑の電車は8両で280人乗っていました。

どちらの電車がこんでいるといえますか。

1両あたりの人数でくらべよう。

式

人数　車両の数　1両あたりの人数

㋐ $\boxed{} \div \boxed{} = \boxed{}$
(人)

㋑ $\boxed{} \div \boxed{} = \boxed{}$
(人)

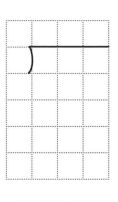

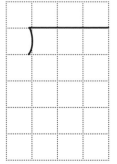

答え $\boxed{}$ の電車の方がこんでいる。

単位量あたりの大きさ（4）

● 公園にすな場があります。

すな場の広さは 10m² で，

15 人の子どもが遊んでいました。

1m² あたり何人の子どもが

いることになりますか。

15人

式

人数		面積		1m²あたりの人数
15	÷	10	=	
				（人）

答え ☐ 人

● あ と い の 2 つのプールがあります。

あ のプールは，広さが 160m² で 80 人います。

い のプールは，広さが 250m² で 100 人います。

どちらのプールがこんでいるといえますか。

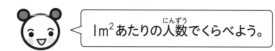

1m²あたりの人数でくらべよう。

式

あ
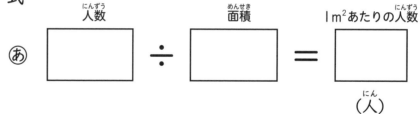
人数		面積		1m²あたりの人数
	÷		=	
				（人）
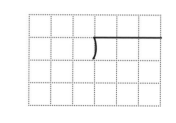

い

	÷		=	
				（人）
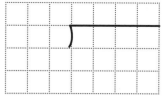

答え ☐ のプールの方がこんでいる。

単位量あたりの大きさ（5）

● 東町の面積は 12km² で，人口は 1800 人です。

1km² あたりの人口を求めましょう。

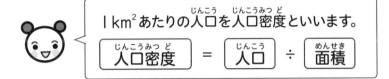

1km² あたりの人口を人口密度といいます。

| 人口密度 | ＝ | 人口 | ÷ | 面積 |

式

人口　　　　面積　　　1km² あたりの人口

1800 ÷ 12 ＝ 〔　　〕
　　　　　　　　　　　（人）

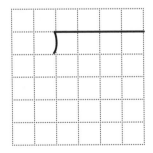

答え 〔　　　〕人

1km² あたりの人口が多い方が
こんでいるよ。こんでいることを
人口密度が高いというね。

● A市の面積は 86km² で，人口は 17200 人です。

B市の面積は 95km² で，人口は 20900 人です。

どちらの市の方がこんでいるといえますか。

電たくで
計算しよう

式

　　　人口　　　　　　面積　　　　1km² あたりの人数

A市 〔 17200 〕 ÷ 〔 86 〕 ＝ 〔　　　〕
　　　　　　　　　　　　　　　　　　　（人）

B市 〔　　　〕 ÷ 〔　　〕 ＝ 〔　　　〕
　　　　　　　　　　　　　　　　　　　（人）

答え 〔　　〕市の方がこんでいる。

単位量あたりの大きさ （6）

名前

月　　日

● 下の表は，大阪府，京都府，奈良県の人口と面積を表したものです。

それぞれの人口密度を求めて，表に書き入れましょう。

人口密度は，小数第一位を四捨五入して整数で求めよう。

	人口（人）	面積(km²)	人口密度（人）
大阪府	8840000	1900	4653
京都府	2580000	4600	
奈良県	1320000	3700	

（総務省　2020年）

式

電たくで計算しよう

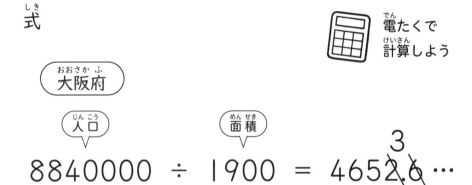

大阪府

人口　　　面積

$8840000 ÷ 1900 = 4652.6…$

3

京都府

☐ ÷ ☐ = ☐

奈良県

☐ ÷ ☐ = ☐

単位量あたりの大きさ (7)

月　日　名前

● たかしさんの家の 8a の田んぼで 480kg のお米がとれました。

1a あたり何 kg のお米がとれたといえますか。

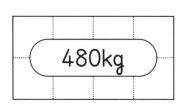
480kg

式

とれた量 (重さ)		面積		1a あたりの量 (重さ)
480	÷	8	=	

(kg)

答え　　　　　kg

● まなとさんの家では, 10m² の畑からじゃがいもが 14kg とれました。りくさんの家では, 15m² の畑からじゃがいもが 18kg とれました。どちらの家の畑の方がたくさんとれたといえますか。

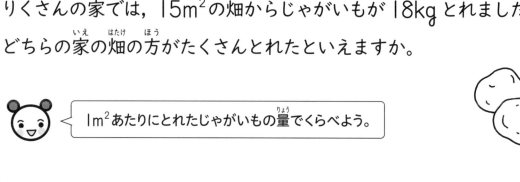
1m² あたりにとれたじゃがいもの量でくらべよう。

式

まなとさん

とれた量 (重さ)		面積		1m² あたりの量 (重さ)
	÷		=	

(kg)

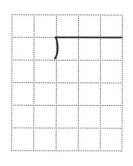

りくさん

	÷		=	

(kg)

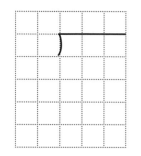

答え　　　　　さんの家の畑の方がたくさんとれた。

● お店でノート 8 さつをセット

にして 760 円で売っています。

　１さつあたりのねだんは

何円になりますか。

式

全体のねだん		ノートの数		１さつあたりのねだん
760	÷	8	=	（円）

答え ☐ 円

● 25 個入りで 175 円のあめと,

30 個入りで 240 円のあめがあります。

　１個あたりのねだんは, どちらが高いといえますか。

 全体のねだん ÷ いくつ分 ＝ １あたりのねだん

式

25 個入り

全体のねだん		個数		１個あたりのねだん
☐	÷	☐	=	☐ （円）

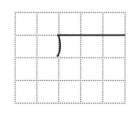

30 個入り

☐	÷	☐	=	☐ （円）

答え ☐ 個入りのあめの方が高い。

名前　　月　　日

● ガソリン 20L で 360km 走れる車があります。

この車は 1L あたり

何 km 走ることができますか。

式

全体の道のり		燃料 (L)		1L あたりの道のり
360	÷	20	=	(km)

答え ☐ km

● 赤い車はガソリン 35L で 560km 走れます。

白い車はガソリン 40L で 680km 走れます。

同じガソリンの量でより長い道のりを走れるのはどちらの車ですか。

1L で走れる道のりでくらべよう。

式

	全体の道のり		燃料 (L)		1L あたりの道のり
赤	☐	÷	☐	=	☐ (km)

白	☐	÷	☐	=	☐ (km)

答え ☐ 車

単位量あたりの大きさ (10)

● トラクターで畑を耕します。

3時間で690m²を耕すことが

できました。

このトラクターは，1時間あたり

何 m²の畑を耕すことができましたか。

式

全体の面積　　時間　　1時間あたりの面積

$$690 \div 3 = \boxed{}$$
　　　　　　　　　　　　　　　（m²）

答え　$\boxed{}$ m²

● あと◯の2台のコピー機があります。

あ のコピー機では，15分で300まいコピーできます。

◯ のコピー機では，9分で162まいコピーできます。

同じ時間でより多くのまい数をコピーできるのは，

どちらのコピー機ですか。

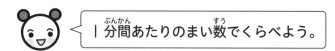

1分間あたりのまい数でくらべよう。

式

	全体のまい数		時間（分）		1分間あたりのまい数

あ　$\boxed{} \div \boxed{} = \boxed{}$
　　　　　　　　　　　　　　　　　　　（まい）

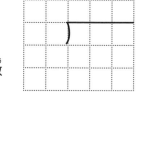

◯　$\boxed{} \div \boxed{} = \boxed{}$
　　　　　　　　　　　　　　　　　　　（まい）

答え　$\boxed{}$ のコピー機

単位量あたりの大きさ （11）

● 次の問題を表に整理して答えを求めましょう。

①

さくらさんの町の人口は 620 人です。

町の面積は 5 km² です。

1 km² あたりの人口は何人ですか。

↓

1あたりの量　同じ単位

（ ？ ）人	（620）人
1 km²	（ 5 ）km²

同じ単位

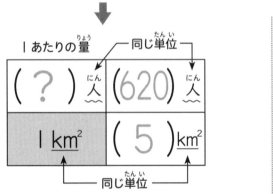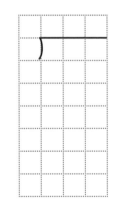

式 ▢ ÷ ▢ = ▢

答え ▢ 人

②

ひろとさんの家の畑で 240kg のタマネギが

とれました。畑の面積は 60m² です。

1 m² あたり何 kg とれましたか。

↓

1あたりの量

（ ？ ）kg	（240）kg
1 m²	（60）m²

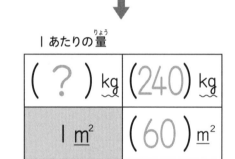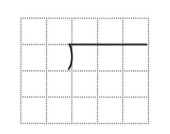

式 ▢ ÷ ▢ = ▢

答え ▢ kg

単位量あたりの大きさ（12）

● 次の問題を表に整理して答えを求めましょう。

①

スーパーで 320g が 960 円のパックの
お肉を買いました。
このお肉は 1g あたり何円ですか。

1 あたりの量

（ ? ）円	（ ）円
1g	（ ）g

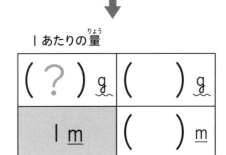

式　□ ÷ □ ＝ □

答え □ 円

②

3m の重さが 540g のロープがあります。
このロープ 1m の重さは何 g ですか。

1 あたりの量

（ ? ）g	（ ）g
1m	（ ）m

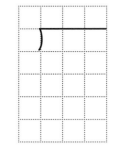

式　□ ÷ □ ＝ □

答え □ g

● 次の問題を表に整理して答えを求めましょう。

①

ガソリン1Lで18km走れる車があります。

ガソリン15Lでは，この車は

何km走ることができますか。

全体の量（道のり）

(18)km	(?)km
1L	(15)L

×

式　□ × □ = □

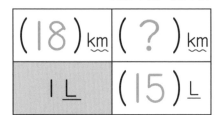

答え　□ km

②

1m²あたり12本の花を花だんに植えます。

花だんは6m²です。

全部で何本の花を植えることができますか。

全体の量（花の数）

( )本	( )本
1m²	( )m²

×

式　□ × □ = □

答え　□ 本

56

単位量あたりの大きさ（14）

● 次の問題を表に整理して答えを求めましょう。

①

> 1mの重さが160gのロープがあります。
> このロープが800gあるとき，
> ロープの長さは何mになりますか。

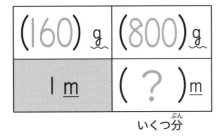

(160) g	(800) g
1 m	(?)m

いくつ分

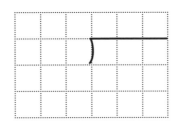

式　□ ÷ □ = □

答え □ m

②

> ガソリン1Lで15km走れる車があります。
> この車が450km走るには，
> 何Lのガソリンが必要ですか。

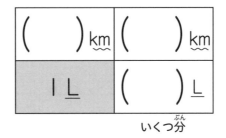

(　)km	(　)km
1 L	(　) L

いくつ分

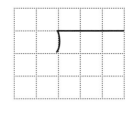

式　□ ÷ □ = □

答え □ L

速さ (1)

● りくさん，さとしさん，こうたさんの 3 人が走った道のりと
かかった時間を調べました。

	道のり（m）	時間（秒）
りくさん	50	10
さとしさん	50	9
こうたさん	70	9

① りくさんと さとしさんでは，どちらが速いですか。
あてはまる方に○をして答えましょう。

（ 走った道のり ・ 走った時間 ）が同じだから

走った時間でくらべる。

時間が （ 長い ・ 短い ）方が速い。

答え □

② さとしさんと こうたさんでは，どちらが速いですか。
あてはまる方に○をして答えましょう。

（ 走った道のり ・ 走った時間 ）が同じだから

走った道のりでくらべる。

道のりが （ 長い ・ 短い ）方が速い。

答え □

走った道のりや時間がちがう
りくさんと こうたさんは
どうやってくらべたらいいかな。

速 さ (2)

● 下の表は，ひなたさんと そらさんが走った道のりと
かかった時間を表しています。

　ひなたさんと そらさんでは，どちらが速いですか。

	道のり（m）	時間（秒）
ひなたさん	120	24
そらさん	90	15

走った道のりも時間もちがうよ。
どうやってくらべたらいいかな。

① ひなたさんが 1秒間あたりに走った道のりを
求めましょう。

式　[道のり 120] ÷ [時間 24] = [1秒間あたりに走った道のり □]

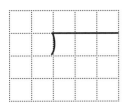

答え [　] m

② そらさんが1秒間あたりに走った道のりを
求めましょう。

式　[　] ÷ [　] = [　]

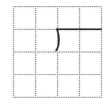

答え [　] m

③ ひなたさんとそらさんでは，どちらが速いですか。
あてはまる方に〇をして答えましょう。

1秒間あたりに走った道のりが
（ 長い ・ 短い ） 方が速い。

答え [　]

速さ (3)

速さ ＝ 道のり ÷ 時間

時速…1時間あたりに進む道のりで表した速さ
分速…1分間あたりに進む道のりで表した速さ
秒速…1秒間あたりに進む道のりで表した速さ

ある新幹線は，道のり 460km を
時間 2時間で走ります。この新幹線の
時速を求めましょう。

式

道のり		時間		速さ
460	÷	2	=	

答え　時速 □ km

あるカメは，3分間で
120m 進みます。
このカメの分速を求めましょう。

式

道のり		時間		速さ
□	÷	□	=	□

答え　分速 □ m

1000m を 5秒間で飛ぶ
ジェット機があります。この
ジェット機の秒速を求めましょう。

式

道のり		時間		速さ
□	÷	□	=	□

答え　秒速 □ m

速さ (4)

速さを求める

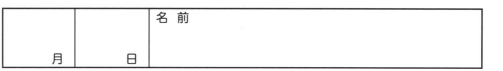

● ㋐ の自動車は，240kmを3時間で走りました。

　㋑ の自動車は，180kmを2時間で走りました。

　㋐ と ㋑ の自動車では，どちらが速いですか。

 ㋐と㋑それぞれの時速を求めてくらべよう。

式

	道のり		時間		速さ（時速）

㋐ 　□ ÷ □ = □ （km）

㋑ 　□ ÷ □ = □ （km）

答え　□ の自動車の方が速い。

● さきさんは，600mを8分間で歩きました。

あゆさんは，840mを12分間で歩きました。

さきさんと あゆさんでは，どちらが速いですか。

 それぞれの分速を求めてくらべよう。

式

	道のり		時間		速さ（分速）
さきさん		÷		=	
					(m)

	道のり		時間		速さ（分速）
あゆさん		÷		=	
					(m)

答え 　　　　　　　　　　 の方が速い。

速さ (6)

速さを求める

● 540mを 30 秒間で走るシマウマと,

380mを 20 秒間で走るカンガルーとでは,

どちらが速いですか。

 それぞれの秒速を求めてくらべよう。

式

	道のり		時間		速さ (秒速)
シマウマ	☐	÷	☐	=	☐ (m)
カンガルー	☐	÷	☐	=	☐ (m)

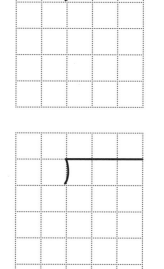

答え ☐ の方が速い。

名 前

月　日

● 時速 96km で走る特急電車があります。

この電車は 分速 何km ですか。

```
┌─ ÷60 ─┐┌─ ÷60 ─┐
時速      分速      秒速
```

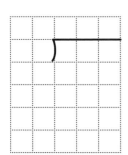 1時間 = 60分
1時間（60分）で 96km だから
60 でわるといいね。

式

□ ÷ 60 = □

答え　分速 □ km

● チーターは 分速 1.8km で走ります。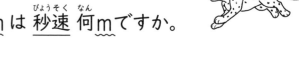

分速 1.8km は 秒速 何m ですか。

```
┌─ ÷60 ─┐┌─ ÷60 ─┐
時速      分速      秒速
```

1.8km ＝ □ m

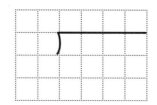 秒速 何m で答えるので,
1.8km を m になおしておくよ。

式

□ ÷ 60 = □

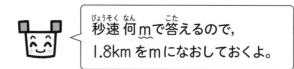

答え　秒速 □ m

速さ (8)

名前

月　日

● 秒速 8m で上がる高速エレベーターがあります。

このエレベーターは 分速 何m ですか。

時速	分速	秒速

└ ×60 ┘└ ×60 ┘

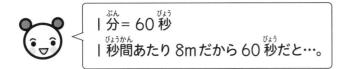

1分 = 60秒
1秒間あたり 8mだから 60秒だと…。

式

[　] × 60 = [　]

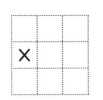

[×]

答え 分速 [　] m

● 分速 450m で走るモノレールがあります。

このモノレールは 時速 何km ですか。

時速	分速	秒速

└ ×60 ┘└ ×60 ┘

式

[　] × 60 = [　]

mを km になおすよ。

[　] m = [　] km

[×]

答え 時速 [　] km

65

速さ (9)

道のりを求める

$$道のり ＝ 速さ × 時間$$

● 秒速 18m で走るノウサギが，
5 秒間 走ります。
何m 走ることができますか。

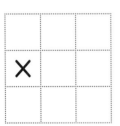

式

速さ		時間		道のり
18	×	5	=	

答え □ m

● 分速 75m で歩く人が，
40 分間 歩きます。
何km 歩くことができますか。

式

速さ		時間		道のり
□	×	□	=	□

 mをkmになおすよ。

□ m ＝ □ km

答え □ km

66

速さ (10)

道のりを求める

道のり ＝ 速さ × 時間

● 時速 52km で走るバスが,
5時間進みます。
何km 進むことができますか。

式

速さ		時間		道のり
☐	×	☐	=	☐

	×

答え ☐ km

● 分速 2km で進む電車が
2時間進むと, 何km 進むことができますか。

① 分速 2km は 時速 何km ですか。

式

☐ × 60 = ☐

答え 時速 ☐ km

② 2時間進んだ道のりを求めましょう。

式

速さ		時間		道のり
☐	×	☐	=	☐

答え ☐ km

速さ（11）

時間を求める

$$時間 = 道のり ÷ 速さ$$

● 分速 250m で走る自転車が 750m 走るのに
何分かかりますか。

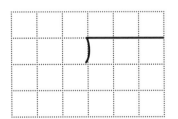

式

道のり		速さ		時間
	÷		=	

答え □ 分

● 時速 55km で走る自動車が 220km 進むのに
何時間かかりますか。

式

道のり		速さ		時間
	÷		=	

答え □ 時間

速 さ（12）

● 次の ㋐〜㋒ の問題を答えましょう。

㋐

4.5m の道のりを

3 分間で進んだ

ナマケモノの分速

速さ ＝ 道のり ÷ 時間

式

答え　分速　　　　m

㋑

時速 50km で走る

キリンが 2 時間に

進む 道のり

道のり ＝ 速さ × 時間

式

答え　　　　km

㋒

秒速20mで走る

ライオンが 500m

進むのに かかる時間

時間 ＝ 道のり ÷ 速さ

式

答え　　　　秒

割合とグラフ (1)

名前　月　日

● 次の ㋐〜㋒ の問いを求める図や式をくらべましょう。

㋐
犬が 4 ひきいます。
ねこが 12 ひきいます。
ねこの数は，犬の数の
何倍ですか。

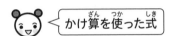

かけ算を使った式

犬の □倍が ねこ
$4 \times \square = 12$

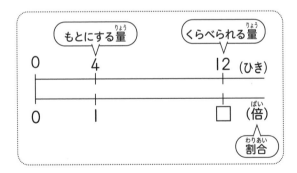

もとにする量　　くらべられる量

0　4　12 (ひき)

0　1　□ (倍)

割合

$12 \div 4 = \boxed{}$

答え $\boxed{}$ 倍

㋑
犬が 4 ひきいます。
ねこは，犬の 3 倍の数です。
ねこは何びきですか。

かけ算を使った式

犬の 3倍が ねこ
$4 \times 3 = \square$

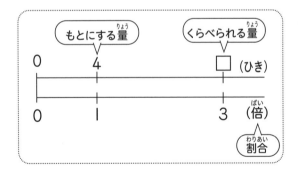

もとにする量　　くらべられる量

0　4　□ (ひき)

0　1　3 (倍)

$4 \times 3 = \boxed{}$

答え $\boxed{}$ ひき

㋒
ねこが 12 ひきいます。
ねこは，犬の数の 3 倍に
あたります。
犬は何びきですか。

かけ算を使った式

犬の 3倍が ねこ
$\square \times 3 = 12$

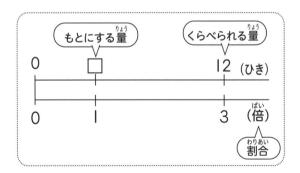

もとにする量　　くらべられる量

0　□　12 (ひき)

0　1　3 (倍)

割合

$12 \div 3 = \boxed{}$

答え $\boxed{}$ ひき

70

名 前

月　日

● だいちさんは，これまでのサッカーの試合で，

10回シュートをして4回ゴールを決めています。

シュートの数をもとにしたゴールの割合を求めましょう。

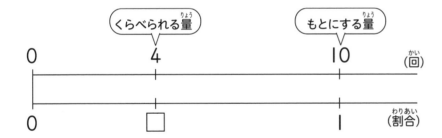

シュートの数の　□倍が　ゴールの数

$10 × □ = 4$

くらべられる量　　　　もとにする量

0　　　4　　　10　（回）

0　　　□　　　1　（割合）

式

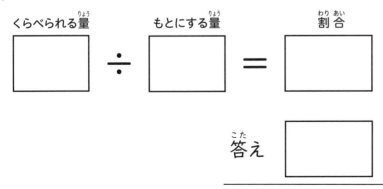

くらべられる量　÷　もとにする量　＝　割 合

□　÷　□　＝　□

答え　□

● 公園に25人います。このうち，大人は8人です。

全体の人数をもとにした大人の人数の割合を

求めましょう。

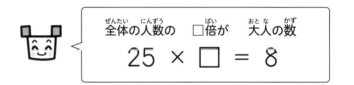

全体の人数の　□倍が　大人の数

$25 × □ = 8$

くらべられる量　　　　もとにする量

0　　　8　　　25　（人）

0　　　□　　　1　（割合）

式

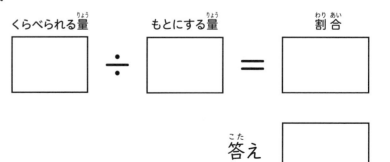

くらべられる量　÷　もとにする量　＝　割 合

□　÷　□　＝　□

答え　□

● 陸上クラブの定員は 20 人です。

希望者は定員の 1.2 倍だったそうです。

希望者は何人でしたか。

定員の　1.2 倍が　希望者
$$20 \times 1.2 = \square$$

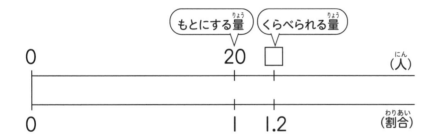

	もとにする量	くらべられる量	
0	20	□	（人）
0	1	1.2	（割合）

式

もとにする量		割合		くらべられる量
□	×	□	=	□

答え □ 人

● 650 円のショートケーキが，夕方にその 0.8 倍の

ねだんで売られています。

ケーキのねだんはいくらになりますか。

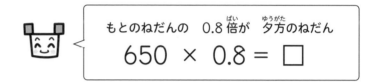

もとのねだんの　0.8 倍が　夕方のねだん
$$650 \times 0.8 = \square$$

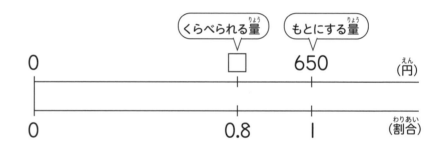

	くらべられる量	もとにする量	
0	□	650	（円）
0	0.8	1	（割合）

式

もとにする量		割合		くらべられる量
□	×	□	=	□

答え □ 円

割合とグラフ (4)

もとにする量を求める

● 今週, 保健室を利用した人数は 18 人でした。

これは, 先週の 0.9 倍にあたる人数です。

先週, 保健室を利用した人数は何人でしたか。

先週の　0.9 倍が　今週

$$\square \times 0.9 = 18$$

くらべられる量　もとにする量

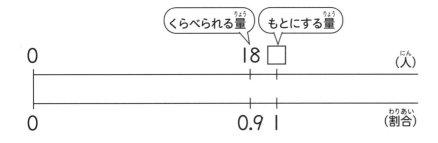

0　　　18 □　　(人)

0　　　0.9 1　　(割合)

式

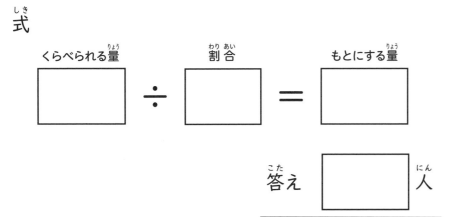

くらべられる量 ÷ 割合 = もとにする量

答え [　] 人

● 音楽クラブの希望者は 12 人でした。

これは, 定員の 1.5 倍にあたる人数です。

音楽クラブの定員は何人ですか。

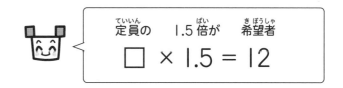

定員の　1.5 倍が　希望者

$$\square \times 1.5 = 12$$

もとにする量　くらべられる量

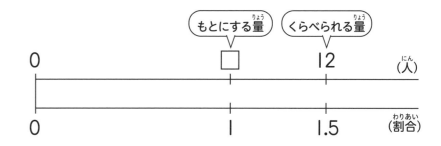

0　　　□　　12　　(人)

0　　　1　　1.5　　(割合)

式

くらべられる量 ÷ 割合 = もとにする量

答え [　] 人

73

割合とグラフ (5)　　百分率

名 前		
月	日	

割合を表す 小数や整数	1	0.1	0.01	0.001
百分率	100%	10%	1%	0.1%

● 小数や整数で表した割合を百分率で表しましょう。

① 0.7 ☐ %

② 0.26 ☐ %

③ 3 ☐ %

④ 1.5 ☐ %

小数や整数に 100 をかけた数が百分率になるよ。

● 百分率で表した割合を整数や小数で表しましょう。

① 80% ☐

② 42% ☐

③ 200% ☐

④ 120% ☐

⑤ 36% ☐

1% = 0.01 だから, 百分率を 100 で わるといいね。

74

割合とグラフ (6)

割合 (百分率) を求める

● 定員が 60 人のバスがあります。

このバスに 48 人の乗客がいます。

乗客の数は定員の何%にあたりますか。

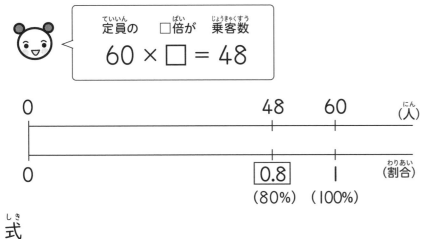

定員の □倍が 乗客数

$$60 \times \square = 48$$

```
0                    48    60      (人)
|_____|_____|
0                    0.8   1     (割合)
                   (80%) (100%)
```

式

$$48 \div 60 = 0.8$$

$$0.8 \times 100 = 80$$

（×100で%にする）

答え ___ %

● 今日, 5 年生で学校を休んだのは 15 人でした。

5 年生全体の人数は 100 人です。

今日, 学校を休んだ人数は 5 年生全体の何%ですか。

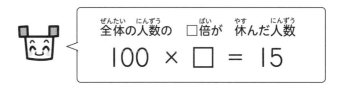

全体の人数の □倍が 休んだ人数

$$100 \times \square = 15$$

```
0   15                    100     (人)
|___|_____|
0   □                     1     (割合)
                        (100%)
```

式

くらべられる量		もとにする量		割合
___	÷	___	=	___

$$\boxed{} \times 100 = \boxed{}$$

答え ___ %

割合とグラフ (7)

割合 (百分率) を求める

● 今年, みゆさんの家の畑で 156kg のじゃがいもがとれました。昨年は 130kg とれました。

今年とれた量は, 昨年の何%にあたりますか。

昨年の量の　□倍が　今年の量

$$130 × \boxed{} = 156$$

式

くらべられる量		もとにする量		割合
$\boxed{}$	÷	$\boxed{}$	=	$\boxed{}$

$$\boxed{} × 100 = \boxed{}$$

答え $\boxed{}$ %

● としやさんは 320 ページの本を読んでいます。

今, 240 ページまで読み終わりました。

読んだのは全体の何%にあたりますか。

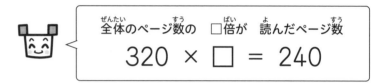

全体のページ数の　□倍が　読んだページ数

$$320 × \boxed{} = 240$$

式

くらべられる量		もとにする量		割合
$\boxed{}$	÷	$\boxed{}$	=	$\boxed{}$

$$\boxed{} × 100 = \boxed{}$$

答え $\boxed{}$ %

名前

月　日

くらべられる量 ＝ もとにする量 × 割合

● ある電車の定員は 500 人です。
今日の乗客は，定員の 120%でした。
今日の乗客数は何人ですか。

$$120\% = \boxed{1.2}$$

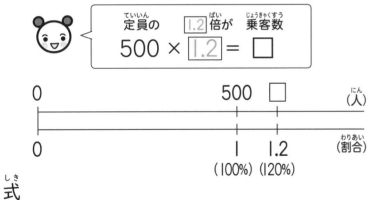

定員の $\boxed{1.2}$ 倍が　乗客数
$$500 \times \boxed{1.2} = \square$$

```
0              500  □        （人）
├───────────────┼───┼──────
0               1   1.2      （割合）
              (100%)(120%)
```

式

$$\boxed{} \times \boxed{} = \boxed{}$$

答え $\boxed{}$ 人

● かずまさんの家の畑は 480m² です。
この畑の 25%にニンジンを植えています。
ニンジンの畑は何m² ですか。

$$25\% = \boxed{0.25}$$

全体の畑の $\boxed{0.25}$ 倍が　ニンジンの畑
$$480 \times \boxed{0.25} = \square$$

```
0      □              480   （m²）
├──────┼───────────────┼──
0    0.25              1     （割合）
    (25%)            (100%)
```

式

$$\boxed{} \times \boxed{} = \boxed{}$$

答え $\boxed{}$ m²

名前

月　　日

くらべられる量 ＝ もとにする量 × 割合

● くじを 200 本作ります。

そのうち，15% を当たりくじにします。

当たりくじは何本になりますか。

15% ＝ ☐

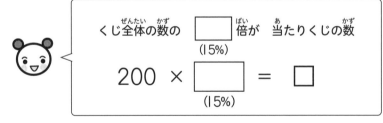

くじ全体の数の ☐ 倍が 当たりくじの数
（15%）

200 × ☐ ＝ ☐
（15%）

式

もとにする量 ☐ × 割合 ☐ ＝ くらべられる量 ☐

答え ☐ 本

● ある小学校の今年の児童数は 195 人です。

この小学校の 10 年前の児童数は，今年の児童数の

160% にあたります。

10 年前の児童数は何人ですか。

160% ＝ ☐

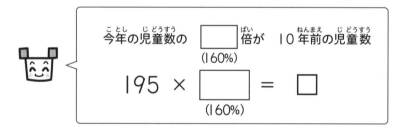

今年の児童数の ☐ 倍が 10 年前の児童数
（160%）

195 × ☐ ＝ ☐
（160%）

式

もとにする量 ☐ × 割合 ☐ ＝ くらべられる量 ☐

答え ☐ 人

名前

月　日

もとにする量 ＝ くらべられる量 ÷ 割合

● かずとさんは，クイズ大会で 9 問正解しました。
この数は，全部の問題数の 60% にあたります。
問題は全部で何問でしたか。

$$60\% = \boxed{0.6}$$

全部の問題数の $\boxed{0.6}$ 倍が　正解数
$$\square \times \boxed{0.6} = 9$$

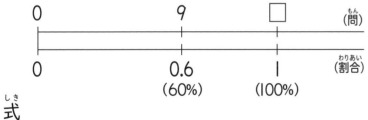

式　$\boxed{} \div \boxed{} = \boxed{}$

答え $\boxed{}$ 問

● みさきさんはハンカチを 450 円で買いました。
この代金は，もとのねだんの 75% にあたります。
ハンカチのもとのねだんは何円ですか。

$$75\% = \boxed{0.75}$$

もとのねだんの $\boxed{0.75}$ 倍が　代金
$$\square \times \boxed{0.75} = 450$$

式　$\boxed{} \div \boxed{} = \boxed{}$

答え $\boxed{}$ 円

割合とグラフ（11）

もとにする量を求める（百分率）

$$もとにする量 = くらべられる量 ÷ 割合$$

● ゆうきさんが かべのペンキぬりを $12m^2$ 終えました。

$12m^2$ は，全体のかべの面積の 80% にあたります。

かべ全体の面積は 何 m^2 ですか。

$$80\% = \boxed{}$$

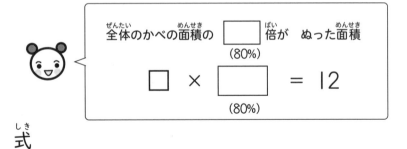

全体のかべの面積の $\boxed{}$ 倍が ぬった面積
（80%）

$$\boxed{} \times \boxed{} = 12$$
（80%）

式

くらべられる量		割合		もとにする量
$\boxed{}$	÷	$\boxed{}$	=	$\boxed{}$

答え $\boxed{}$ m^2

● 図書館に子どもが 45 人います。

これは，図書館にいる大人の数の 125% にあたります。

大人は何人いますか。

$$125\% = \boxed{}$$

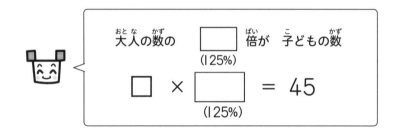

大人の数の $\boxed{}$ 倍が 子どもの数
（125%）

$$\boxed{} \times \boxed{} = 45$$
（125%）

式

くらべられる量		割合		もとにする量
$\boxed{}$	÷	$\boxed{}$	=	$\boxed{}$

答え $\boxed{}$ 人

割合とグラフ（12）

名 前

月　　日

● 次の ㋐ と ㋑ の問題をよく読んで答えましょう。

㋐

さきさんは，800円の筆箱を
30%のねだんで買いました。
何円で買いましたか。

0　　　　　　　　　　　　800　（円）

0　　　0.3　　　　　　　　1　（割合）
　　　（30%）

式

$$\boxed{} \times \boxed{} = \boxed{}$$

答え $\boxed{}$ 円

㋑

ゆかさんは，800円の筆箱を
30%引きのねだんで買いました。
何円で買いましたか。

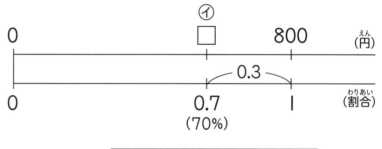

0　　　　　　　　800　（円）

0　　0.7　　　1　（割合）
　　（70%）
　　　　0.3

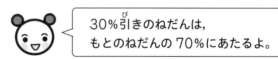

30%引きのねだんは，
もとのねだんの70%にあたるよ。

式

800 × 0.3 = 240
800 − 240 = $\boxed{}$

答え $\boxed{}$ 円

800 ×（1 − 0.3）= 800 × 0.7
= $\boxed{}$

答え $\boxed{}$ 円

割合とグラフ（13）　円グラフ

● 下のグラフは，5年1組の学級にある本の種類を表したものです。

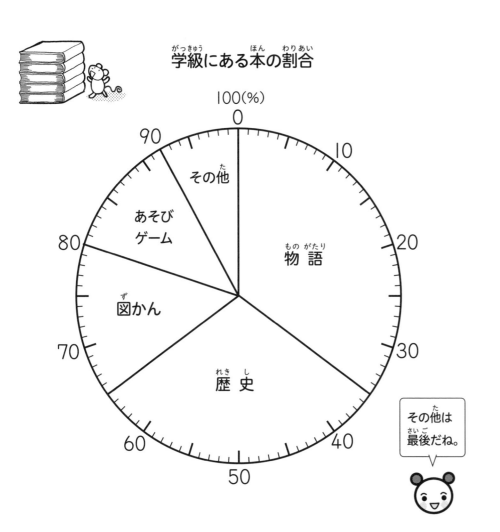

学級にある本の割合

① 左のようなグラフを何グラフといいますか。

② 物語は全体の 何 ％ ですか。

③ 歴史は全体の 何 ％ ですか。

その他は
最後だね。

④ 図かんは全体の 何 ％ ですか。

割合とグラフ (14)

帯グラフ

月	日	名 前

● 下のグラフは，クラスで好きな動物についてアンケートを行った結果です。

好きな動物の割合

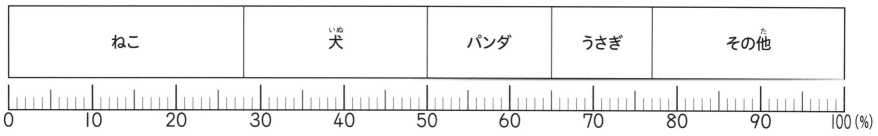

| ねこ | 犬 | パンダ | うさぎ | その他 |

0　10　20　30　40　50　60　70　80　90　100(%)

① 上のようなグラフを 何グラフといいますか。

④ パンダは全体の 何 % ですか。

② ねこは全体の 何 % ですか。

⑤ うさぎは全体の 何 % ですか。

③ 犬は全体の 何 % ですか。

⑥ その他は全体の 何 % ですか。

 全部を合わせて 100%になっているかな。

割合とグラフ (15)　円グラフ

		名　前	
月	日		

● 5年1組で遠足に行きたい場所のアンケートをとりました。

遠足で行きたい場所

場所	人数（人）	百分率（%）
遊園地	12	40
水族館	9	
科学館	3	
その他	6	20
合計	30	100

① それぞれの割合（百分率）を求め，上の表に書き入れましょう。

遊園地　$\boxed{12} \div \boxed{30} \times 100 = \boxed{40}$

水族館　$\boxed{} \div \boxed{} \times 100 = \boxed{}$

科学館　$\boxed{} \div \boxed{} \times 100 = \boxed{}$

② 表にまとめた割合を下の円グラフに表しましょう。

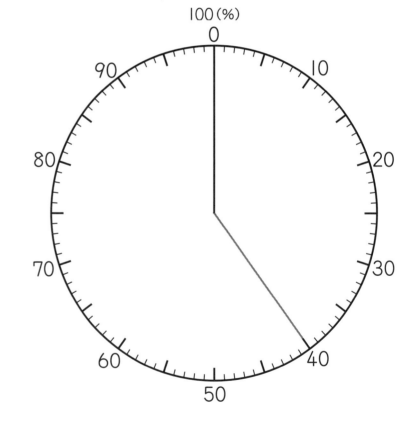

遠足で行きたい場所

84

	月	日	名 前

● 5年2組で好きな給食のメニューの
アンケートをとりました。

好きな給食

メニュー	人数（人）	百分率（%）
カレーライス	12	40
ラーメン	6	
ハンバーグ	5	
からあげ	3	
その他	4	13
合計	30	

① それぞれの割合（百分率）を求め，左の表に書き入れましょう。

（わり切れないときは，$\frac{1}{10}$ の位を四捨五入して求めましょう。）

カレーライス　12 ÷ 30 ×100 = 40

ラーメン　□ ÷ □ ×100 = □

ハンバーグ　□ ÷ □ ×100 = □

からあげ　□ ÷ □ ×100 = □

② 表にまとめた割合を下の帯グラフに表しましょう。

好きな給食のメニュー

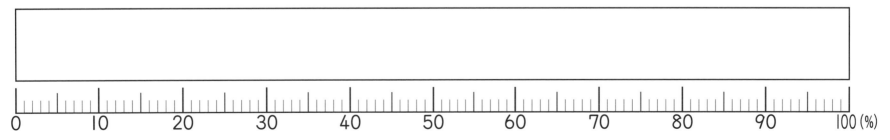

		名 前
月	日	

● 次の正多角形の名前を書きましょう。

> 辺の長さがみんな等しく，角の大きさも
> みんな等しい多角形を正多角形といいます。

 辺の数はそれぞれいくつかな。

①

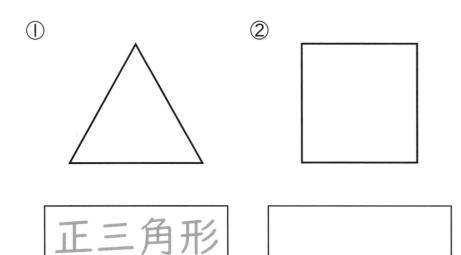

正三角形

②

（正方形）

③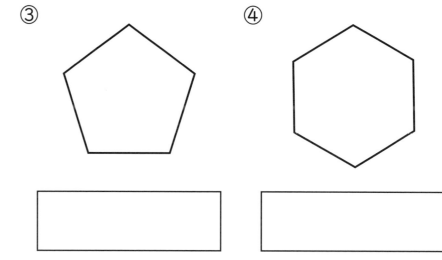

④

⑤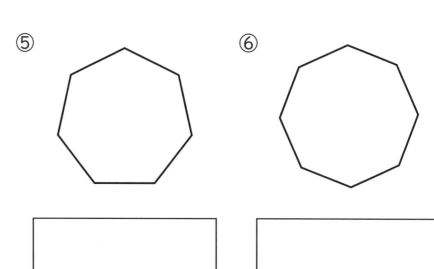

⑥

正多角形と円 (2)

● 円を使っていろいろな正多角形をかきましょう。

① 正三角形

円の中心のまわりの角 360° を 3 等分するので
360 ÷ 3 = 120 で 120° ずつ分ける。

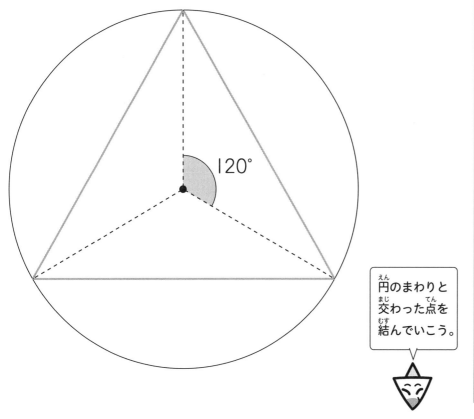

120°

円のまわりと
交わった点を
結んでいこう。

② 正五角形

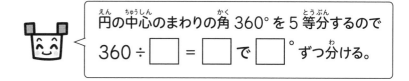

円の中心のまわりの角 360° を 5 等分するので
360 ÷ □ = □ で □° ずつ分ける。

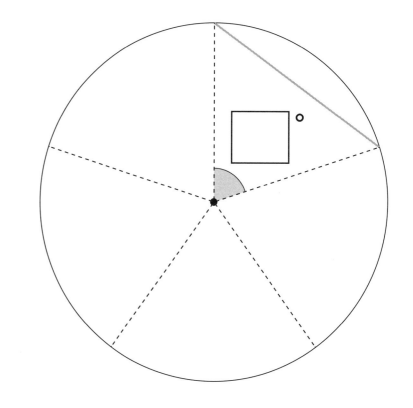

87

正多角形と円 (3)

● 円を使っていろいろな正多角形をかきましょう。

① 正四角形（正方形）

円の中心のまわりの角 360° を 4 等分するので

360 ÷ 4 = ☐ で ☐ °ずつ分ける。

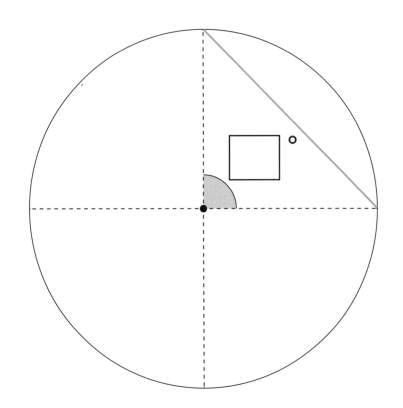

② 正八角形

円の中心のまわりの角 360° を 8 等分するので

360 ÷ 8 = ☐ で ☐ °ずつ分ける。

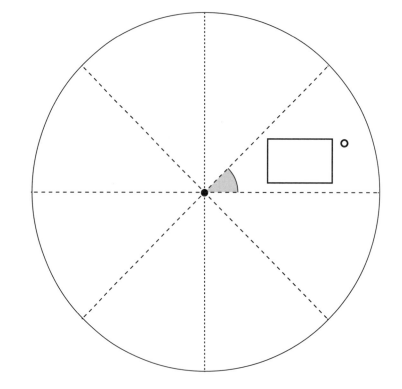

正多角形と円 (4)

● 正六角形の角 ㋐, 角 ㋑, 角 ㋒ の大きさを求めましょう。

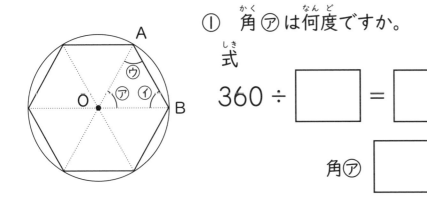

① 角 ㋐ は何度ですか。

式

$$360 \div \boxed{} = \boxed{}$$

角 ㋐ $\boxed{}$ °

② 角 ㋑, 角 ㋒ はそれぞれ何度ですか。

式
$$\left(180 - \boxed{}\right) \div 2 = \boxed{}$$

角 ㋑ $\boxed{}$ °　　角 ㋒ $\boxed{}$ °

③ 三角形 AOB は何という三角形ですか。

$$\boxed{}$$

● 正五角形の角 ㋐, 角 ㋑, 角 ㋒ の大きさを求めましょう。

① 角 ㋐ は何度ですか。

式

$$360 \div \boxed{} = \boxed{}$$

角 ㋐ $\boxed{}$ °

② 角 ㋑, 角 ㋒ はそれぞれ何度ですか。

式
$$\left(180 - \boxed{}\right) \div 2 = \boxed{}$$

角 ㋑ $\boxed{}$ °　　角 ㋒ $\boxed{}$ °

③ 三角形 AOB は何という三角形ですか。

$$\boxed{}$$

正多角形と円 (5)

● 円の中心のまわりの角を等分して，正六角形をかきましょう。

円の中心のまわりの角 360° を 6 等分するので
360 ÷ □ = □ で □° ずつ分ける。

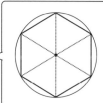

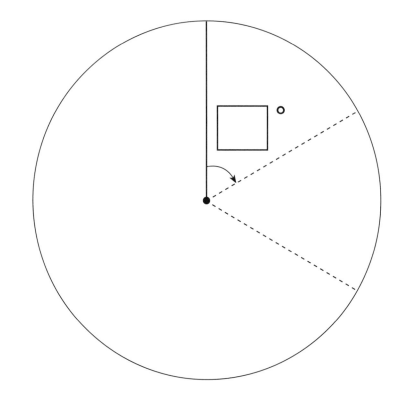

● 半径 4cm の円のまわりをコンパスで区切って，1辺 4cm の正六角形をかきましょう。

6つの三角形は正三角形だから，三角形の 3 つの辺はすべて 4cm になるよ。

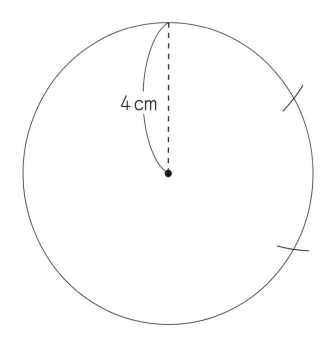

4cm

半径はどこも 4cm だね。

90

正多角形と円 (6)

● 次の□にあてはまることばや数を書きましょう。

① 円のまわりを

[   ] といいます。

② 円周は，直径の

約 [   ] 倍です。

③ 円周率 = [   ] ÷ 直径

④ 円周 = [   ] × 3.14

■ 次の円の円周の長さを求めましょう。

円周 ＝ 直径 × 3.14

① 直径10cmの円

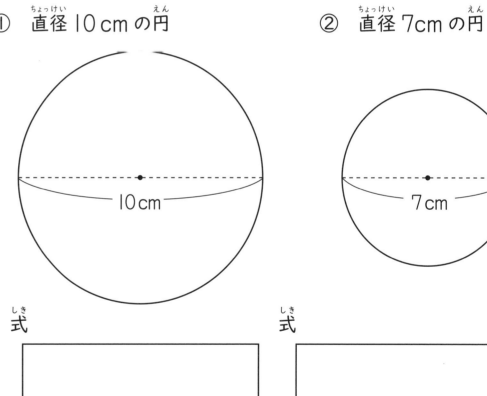

10cm

式

[   ]

答え [   ] cm

② 直径7cmの円

7cm

式

[   ]

答え [   ] cm

		名 前
月	日	

● 次の円の円周の長さを求めましょう。  電たくで計算しよう

円周 ＝ 直径 × 3.14

① 半径 3cmの円

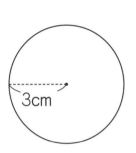
3cm

半径×2×3.14で求めよう。

式

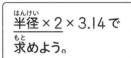 × 2 × 3.14 = [　　　]

答え [　　　] cm

② 半径 6cmの円

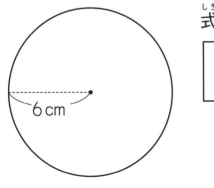
6 cm

式

[　　　　　　　　　]

答え [　　　] cm

③ 半径 15cmの円

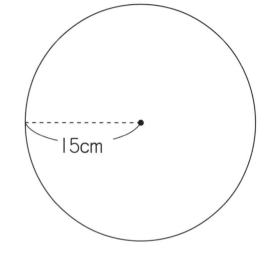
15cm

式

[　　　　　　　　　]

答え [　　　] cm

● 円周の長さが次のような円の，直径や半径の長さを求めましょう。

① 円周が 9.42cm の円の**直径**

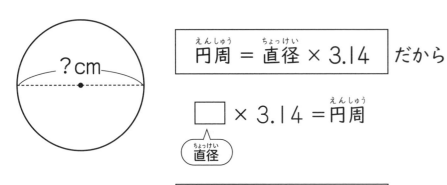

円周 = 直径 × 3.14 だから

□ × 3.14 ＝円周
（直径）

直径 = 円周 ÷ 3.14

式

答え ▢ cm

② 円周が 18.84cm の円の**半径**

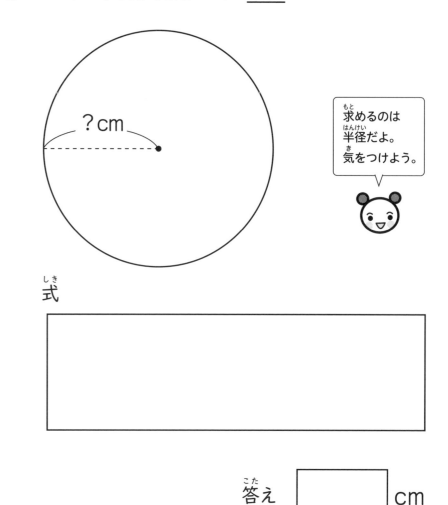

?cm

求めるのは
半径だよ。
気をつけよう。

式

答え ▢ cm

93

正多角形と円 (9)

● 次の図は，円を半分に切ったものです。
まわりの長さを求めましょう。

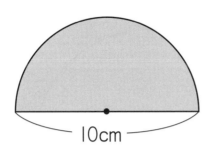

10cm

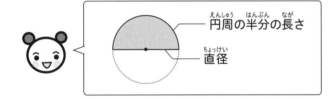

円周の半分の長さ

直径

式

$$10 \times 3.14 \div \boxed{} = \boxed{}$$

$$\boxed{} + \boxed{} = \boxed{}$$

答え　□ cm

● 次の図は，円を $\frac{1}{4}$ に切ったものです。
まわりの長さを求めましょう。

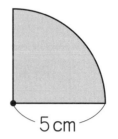

5cm

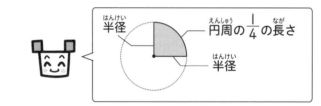

半径

円周の $\frac{1}{4}$ の長さ

半径

式

答え　□ cm

94

角柱と円柱 （1）

		名 前
月	日	

● 角柱の部分の名前を ┈ から選んで □ に
書きましょう。（同じことばを 2 度使ってもかまいません。）

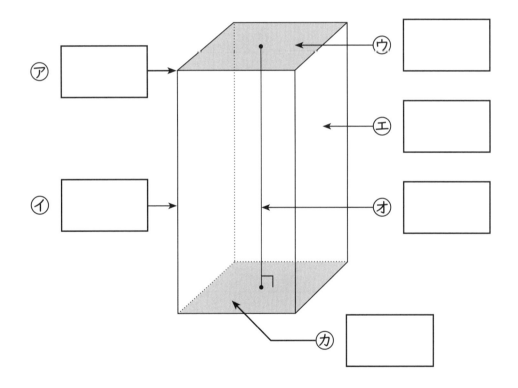

ア □

イ □

ウ □

エ □

オ □

カ □

┌┈┈┈┈┈┈┈┈┈┈┈┈┈┈┈┈┈┈┈┈┈┈┈┈┐
　辺　・　底面　・　高さ　・　側面　・　頂点
└┈┈┈┈┈┈┈┈┈┈┈┈┈┈┈┈┈┈┈┈┈┈┈┈┘

● 角柱について，あてはまる方のことばに〇を
しましょう。

①　角柱の2つの底面は合同で，
　　（ 垂直・平行 ）な関係になっています。

②　角柱の底面と側面は，たがいに
　　（ 垂直・平行 ）な関係になっています。

③　角柱の側面の形は，（ 長方形・三角形 ）
か正方形です。

④　角柱の底面に（ 垂直・平行 ）な直線で，
2つの底面にはさまれた部分の長さを高さ
といいます。

角柱と円柱 (2)

● 次の角柱について表にまとめましょう。

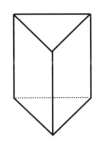
ア

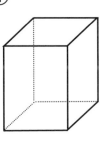
イ

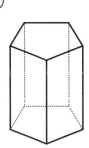
ウ

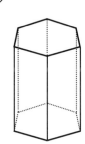
エ

	ア 三角柱	イ 四角柱	ウ 五角柱	エ 六角柱
底面の形	三角形			
辺 の 数	9			
頂点の数	6			
側面の数	3			
面 の 数	5			

● 円柱の部分の名前を ⫶⫶⫶ から選んで □ に
書きましょう。(同じことばを2度使ってもかまいません。)

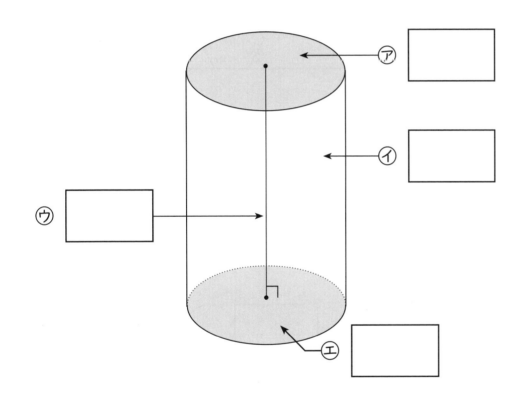

ア

イ

ウ

エ

┄┄┄┄┄┄┄┄┄┄┄┄┄┄┄┄┄┄┄┄┄┄┄┄┄┄┄┄
側面　・　高さ　・　底面
┄┄┄┄┄┄┄┄┄┄┄┄┄┄┄┄┄┄┄┄┄┄┄┄┄┄┄┄

● 円柱について,あてはまることばを
⫶⫶⫶ から選んで □ に書きましょう。

① 円柱の2つの底面は ☐ な円で,

たがいに ☐ な関係になっています。

② 円柱の側面のように曲がった面を

☐ といいます。

③ 円柱の底面に ☐ な直線で,

2つの底面にはさまれた部分の長さを
高さといいます。

┄┄┄┄┄┄┄┄┄┄┄┄┄┄┄┄┄┄┄┄┄┄┄┄┄┄┄┄
平行　・　垂直　・　曲面　・　合同
┄┄┄┄┄┄┄┄┄┄┄┄┄┄┄┄┄┄┄┄┄┄┄┄┄┄┄┄

● 次の立体の名前を□に書きましょう。

①

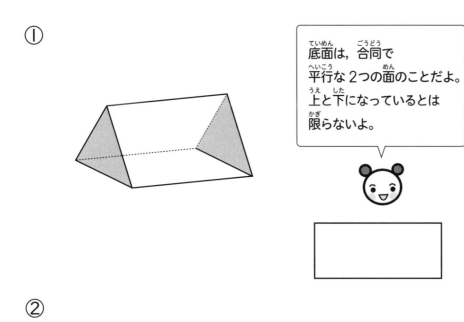

底面は，合同で
平行な2つの面のことだよ。
上と下になっているとは
限らないよ。

②

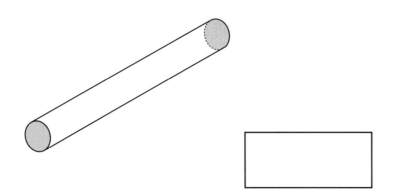

● 次の展開図を組み立てると，何という立体が
できますか。□に名前を書きましょう。

①

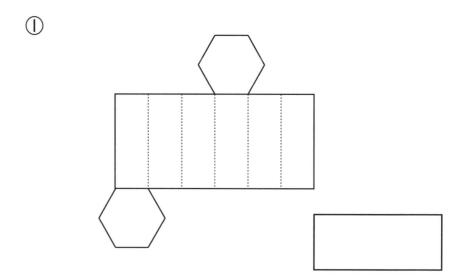

②

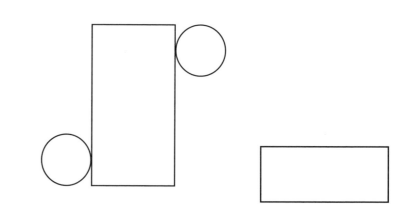

角柱と円柱 (5)

<table>
<tr><td></td><td></td><td>名 前</td></tr>
<tr><td>月</td><td>日</td><td></td></tr>
</table>

● 三角柱の見取図の続きをかきましょう。

 見取図がかけたら底面に色をぬろう。

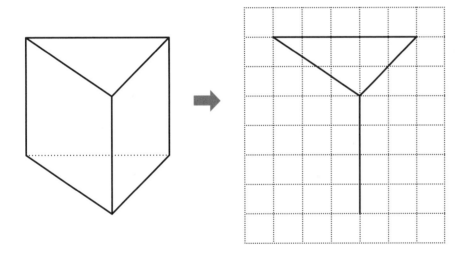

● 円柱の見取図の続きをかきましょう。

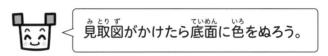 見取図がかけたら底面に色をぬろう。

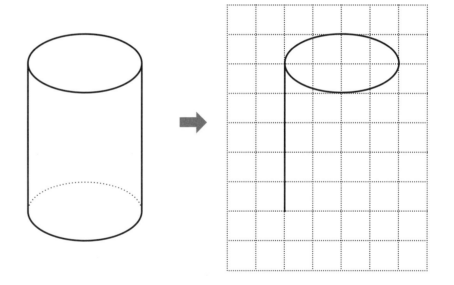

99

かくちゅう　えんちゅう

		名 前
月	日	

● 下の三角柱の展開図の続きをかきましょう。

した　さんかくちゅう　てんかいず　つづ

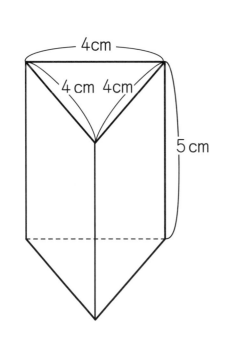

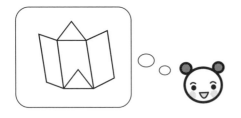

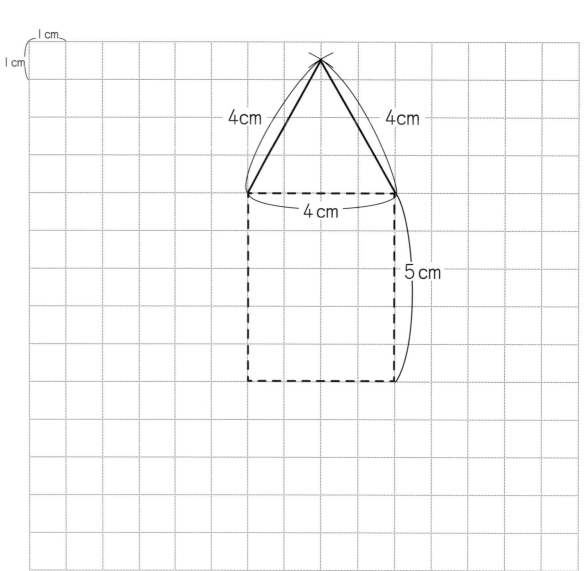

		名 前
月	日	

● 下の円柱の展開図の続きをかきましょう。

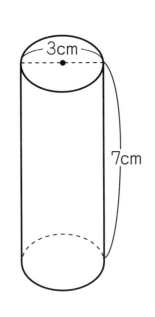

側面の長方形はどんな大きさになるかな。

〈ヒント〉

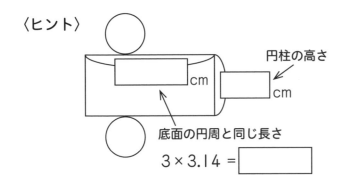

円柱の高さ

cm

cm

底面の円周と同じ長さ

3 × 3.14 =

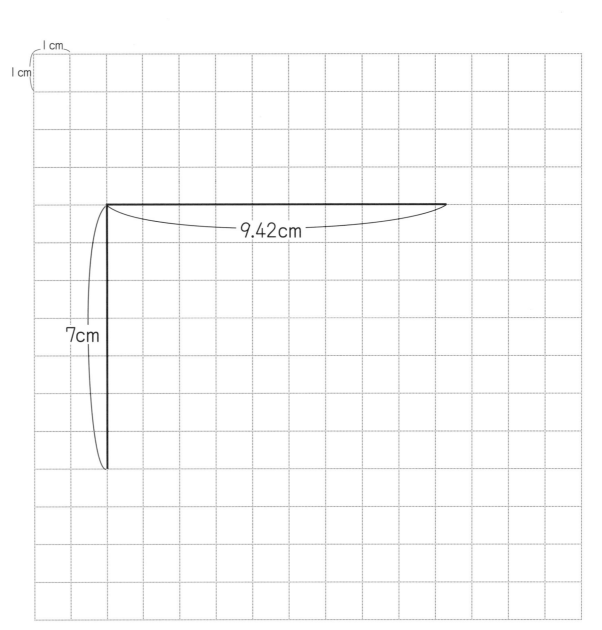

1 cm

1 cm

9.42cm

7cm

P.4

分数 (1)

● 大きさの等しい分数をつくります。図を見て，□にあてはまる数を書きましょう。

①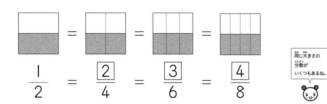

$$\frac{1}{2} = \frac{\boxed{2}}{4} = \frac{\boxed{3}}{6} = \frac{\boxed{4}}{8}$$

同じ大きさの分数がいくつもあるね。

②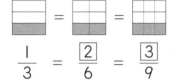

$$\frac{1}{3} = \frac{\boxed{2}}{6} = \frac{\boxed{3}}{9}$$

③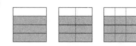

$$\frac{3}{4} = \frac{\boxed{6}}{8} = \frac{\boxed{9}}{12}$$

4

P.5

分数 (2)

● 大きさの等しい分数をつくります。□にあてはまる数を書きましょう。

①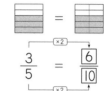

$$\frac{1}{4} \xrightarrow[\times 2]{\times 2} = \frac{\boxed{2}}{8}$$

 分母と分子に同じ数をかけても大きさは変わらないよ。

③

$$\frac{3}{5} \xrightarrow[\times 2]{\times 2} = \frac{\boxed{6}}{\boxed{10}}$$

②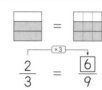

$$\frac{2}{3} \xrightarrow[\times 3]{\times 3} = \frac{\boxed{6}}{9}$$

④

$$\frac{1}{2} \xrightarrow[\times 5]{\times 5} = \frac{\boxed{5}}{\boxed{10}}$$

5

P.6

分数 (3)

● 大きさの等しい分数をつくります。□にあてはまる数を書きましょう。

①

$$\frac{2}{5} \xrightarrow[\times 3]{\times 2} = \frac{\boxed{4}}{10} = \frac{\boxed{6}}{15}$$

②

$$\frac{3}{8} \xrightarrow[\times 2]{\times 3} = \frac{6}{\boxed{16}} = \frac{9}{\boxed{24}}$$

③

$$\frac{4}{7} \xrightarrow[\times 3]{\times 2} = \frac{8}{\boxed{14}} = \frac{\boxed{12}}{21}$$

④

$$\frac{2}{3} \xrightarrow{\times \boxed{5}} = \frac{\boxed{10}}{15}$$

⑤

$$\frac{4}{5} \xrightarrow{\times \boxed{7}} = \frac{28}{\boxed{35}}$$

大きさの等しい分数をつくるには，分母と分子に同じ数をかけるといいね。

6

P.7

分数 (4)

● 大きさの等しい分数をつくります。□にあてはまる数を書きましょう。

①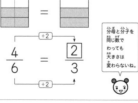

$$\frac{4}{6} \xrightarrow[\div 2]{\div 2} = \frac{\boxed{2}}{3}$$

分母と分子を同じ数でわっても大きさは変わらないね。

③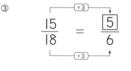

$$\frac{15}{18} \xrightarrow[\div 3]{\div 3} = \frac{\boxed{5}}{6}$$

②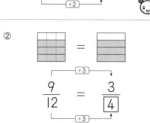

$$\frac{9}{12} \xrightarrow[\div 3]{\div 3} = \frac{3}{\boxed{4}}$$

④

$$\frac{8}{20} \xrightarrow[\div 4]{\div 4} = \frac{2}{\boxed{5}}$$

7

P.8

分数 (5)

● 大きさの等しい分数をつくります。□にあてはまる数を書きましょう。

① $\dfrac{6}{21} = \dfrac{2}{7}$ （÷3）

② $\dfrac{20}{25} = \dfrac{4}{5}$ （÷5）

③ $\dfrac{28}{32} = \dfrac{7}{8}$ （÷4）

④ $\dfrac{20}{30} = \dfrac{2}{3}$ （÷10）

⑤ $\dfrac{15}{27} = \dfrac{5}{9}$ （÷3）

大きさの等しい分数をつくるには，分母と分子を同じ数でわるといいね。

P.9

分数 (6)　約分

● $\dfrac{4}{6}$ を約分しましょう。

分数の分母と分子を同じ数でわって，分母の小さい分数にすることを約分するといいます。

$\dfrac{4}{6} = \dfrac{2}{3}$ （÷2）

もうこれ以上約分できないかを確かめよう。

$\dfrac{4}{6} = \dfrac{2}{3}$

■ 約分しましょう。

① $\dfrac{8}{14} = \dfrac{4}{7}$ （÷2）

② $\dfrac{9}{15} = \dfrac{3}{5}$

③ $\dfrac{4}{12} = \dfrac{1}{3}$

④ $\dfrac{6}{9} = \dfrac{2}{3}$

⑤ $\dfrac{15}{35} = \dfrac{3}{7}$

P.10

分数 (7)　約分

● $\dfrac{4}{8}$ を約分しましょう。

約分のしかた❶

$\dfrac{4}{8} = \dfrac{2}{4} = \dfrac{1}{2}$ （÷2）（÷2）　まだ約分できる

約分のしかた❷

$\dfrac{4}{8} = \dfrac{1}{2}$ （÷4）

$\dfrac{4}{8} = \dfrac{1}{2}$

■ 約分しましょう。

① $\dfrac{8}{16} = \dfrac{1}{2}$

② $\dfrac{20}{30} = \dfrac{2}{3}$

③ $\dfrac{24}{32} = \dfrac{3}{4}$

④ $\dfrac{27}{45} = \dfrac{3}{5}$

これ以上約分できないか確かめよう。

P.11

分数 (8)　通分

● $\dfrac{1}{2}$ と $\dfrac{2}{3}$ を通分しましょう。

分母のちがう分数を，分母が同じ分数になおすことを通分するといいます。

$\dfrac{1}{2} , \dfrac{2}{3} \rightarrow \dfrac{3}{6} , \dfrac{4}{6}$

$\dfrac{1}{2}$ に等しい分数　$\dfrac{1}{2}$, $\dfrac{2}{4}$, $\dfrac{3}{6}$

$\dfrac{2}{3}$ に等しい分数　$\dfrac{2}{3}$, $\dfrac{4}{6}$, $\dfrac{6}{9}$

6は，2と3の最小公倍数になっているね。

■ 通分しましょう。

① $\dfrac{1}{3} , \dfrac{3}{4} \rightarrow \dfrac{4}{12} , \dfrac{9}{12}$

3の倍数…3, 6, 9, 12, …
4の倍数…4, 8, 12, 16, …
3と4の最小公倍数

② $\dfrac{1}{4} , \dfrac{3}{8} \rightarrow \dfrac{2}{8} , \dfrac{3}{8}$

4の倍数…4, 8, 12, …
8の倍数…8, 16, 24, …
4と8の最小公倍数

③ $\dfrac{4}{9} , \dfrac{5}{6} \rightarrow \dfrac{8}{18} , \dfrac{15}{18}$

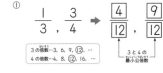

9の倍数…9, 18, 27, …
6の倍数…6, 12, 18, …

P.12

分数 (9)　　通分

● 通分しましょう。

① $\dfrac{3}{8}$, $\dfrac{1}{6}$ ➡ $\dfrac{9}{24}$, $\dfrac{4}{24}$

（← 8と6の最小公倍数）

8の倍数… 8, 16, 24, 32, …
6の倍数… 6, 12, 18, 24, …

② $\dfrac{3}{10}$, $\dfrac{2}{15}$ ➡ $\dfrac{9}{30}$, $\dfrac{4}{30}$

10の倍数… 10, 20, 30, …
15の倍数… 15, 30, 45, …

③ $\dfrac{2}{9}$, $\dfrac{2}{3}$ ➡ $\dfrac{2}{9}$, $\dfrac{6}{9}$

9の倍数… 9, 18, 27, …
3の倍数… 3, 6, 9, …

④ $\dfrac{4}{7}$, $\dfrac{1}{2}$ ➡ $\dfrac{8}{14}$, $\dfrac{7}{14}$

7の倍数… 7, 14, 21, …
2の倍数… 2, 4, 6, 8, 10, 12, 14, …

P.13

分数 (10)　　通分

● 次の分数を通分して大きさをくらべ，□にあてはまる等号や不等号を書きましょう。

① $\dfrac{3}{4}$ > $\dfrac{2}{3}$ 通分する $\dfrac{9}{12}$, $\dfrac{8}{12}$

（← 4と3の最小公倍数）

4の倍数… 4, 8, 12, …
3の倍数… 3, 6, 9, 12, …

② $\dfrac{5}{6}$ < $\dfrac{8}{9}$ ➡ $\dfrac{15}{18}$, $\dfrac{16}{18}$

6の倍数… 6, 12, 18, …
9の倍数… 9, 18, …

③ $\dfrac{1}{3}$ < $\dfrac{2}{5}$ 通分する $\dfrac{5}{15}$, $\dfrac{6}{15}$

3の倍数… 3, 6, 9, 12, 15, …
5の倍数… 5, 10, 15, …

④ $\dfrac{3}{8}$ = $\dfrac{9}{24}$ ➡ $\dfrac{9}{24}$, $\dfrac{9}{24}$

8の倍数… 8, 16, 24, …
24の倍数… 24, …

P.14

分数のたし算・ひき算 (1)　分数のたし算（約分なし）

① $\dfrac{1}{2} + \dfrac{3}{4} = \dfrac{2}{4} + \dfrac{3}{4}$ （← 2と4の最小公倍数）

$= \dfrac{5}{4}$ $\left(1\dfrac{1}{4}\right)$

分母のちがう分数どうしの計算は通分してから計算するよ。

② $\dfrac{3}{8} + \dfrac{5}{12} = \dfrac{9}{24} + \dfrac{10}{24}$ （← 8と12の最小公倍数）

$= \dfrac{19}{24}$

③ $\dfrac{5}{6} + \dfrac{1}{9} = \dfrac{15}{18} + \dfrac{2}{18}$ （← 6と9の最小公倍数）

$= \dfrac{17}{18}$

④ $\dfrac{2}{5} + \dfrac{3}{8} = \dfrac{16}{40} + \dfrac{15}{40}$ （← 5と8の最小公倍数）

$= \dfrac{31}{40}$

⑤ $\dfrac{7}{10} + \dfrac{4}{15} = \dfrac{21}{30} + \dfrac{8}{30}$ （← 10と15の最小公倍数）

$= \dfrac{29}{30}$

P.15

分数のたし算・ひき算 (2)　分数のたし算（約分あり）

① $\dfrac{2}{15} + \dfrac{2}{3} = \dfrac{2}{15} + \dfrac{10}{15}$ ◁通分

$= \dfrac{\cancel{12}^{4}}{\cancel{15}_{5}}$ 約分できるものは約分しよう

$= \dfrac{4}{5}$

② $\dfrac{4}{9} + \dfrac{7}{18} = \dfrac{8}{18} + \dfrac{7}{18}$ ◁通分

$= \dfrac{\cancel{15}^{5}}{\cancel{18}_{6}}$ ◁約分しよう

$= \dfrac{5}{6}$

③ $\dfrac{1}{4} + \dfrac{5}{12} = \dfrac{3}{12} + \dfrac{5}{12}$ ◁通分

$= \dfrac{\cancel{8}^{2}}{\cancel{12}_{3}}$ ◁約分しよう

$= \dfrac{2}{3}$

④ $\dfrac{2}{7} + \dfrac{3}{14} = \dfrac{4}{14} + \dfrac{3}{14}$ ◁通分

$= \dfrac{\cancel{7}^{1}}{\cancel{14}_{2}}$ ◁約分しよう

$= \dfrac{1}{2}$

P.16

分数のたし算・ひき算 (3) 帯分数のたし算

名前　月　日

① $1\frac{1}{3} + 1\frac{2}{9} = ①\frac{3}{9} + ①\frac{2}{9}$ ← 通分

$= 2\frac{5}{9}$

（パンダ）整数どうし，分数どうしで計算するよ。

② $2\frac{1}{4} + 1\frac{1}{6} = 2\frac{3}{12} + 1\frac{2}{12}$ ← 通分

$= 3\frac{5}{12}$

③ $2\frac{3}{10} + 2\frac{1}{5} = 2\frac{3}{10} + 2\frac{2}{10}$ ← 通分

$= 4\frac{5}{10}$ ← 約分

$= 4\frac{1}{2}$

④ $\frac{2}{21} + 1\frac{4}{7} = \frac{2}{21} + 1\frac{12}{21}$ ← 通分

$= 1\frac{14}{21}$ ← 約分

$= 1\frac{2}{3}$

16

P.17

分数のたし算・ひき算 (4) 帯分数のたし算

名前　月　日

① $1\frac{1}{3} + 1\frac{5}{6} = 1\frac{2}{6} + 1\frac{5}{6}$ ← 通分

$= 2\frac{7}{6}$ { $\frac{6}{6}=1$だから1くり上がる }

$= 3\frac{1}{6}$

② $1\frac{5}{14} + 2\frac{6}{7} = 1\frac{5}{14} + 2\frac{12}{14}$ ← 通分

$= 3\frac{17}{14}$

$= 4\frac{3}{14}$

③ $1\frac{3}{4} + 1\frac{5}{8} = 1\frac{6}{8} + 1\frac{5}{8}$ ← 通分

$= 2\frac{11}{8}$

$= 3\frac{3}{8}$

17

P.18

分数のたし算・ひき算 (5) 帯分数のたし算

名前　月　日

① $1\frac{1}{2} + 1\frac{1}{3} = \frac{3}{2} + \frac{4}{3}$ ← 仮分数

$= \frac{9}{6} + \frac{8}{6}$ ← 通分

$= \frac{17}{6} \left(2\frac{5}{6}\right)$

② $1\frac{2}{3} + 1\frac{1}{9} = \frac{5}{3} + \frac{10}{9}$ ← 仮分数

$= \frac{15}{9} + \frac{10}{9}$ ← 通分

$= \frac{25}{9} \left(2\frac{7}{9}\right)$

③ $2\frac{1}{2} + \frac{1}{6} = \frac{5}{2} + \frac{1}{6}$ ← 仮分数

$= \frac{15}{6} + \frac{1}{6}$ ← 通分

$= \frac{16}{6}$ ← 約分

$= \frac{8}{3} \left(2\frac{2}{3}\right)$

18

P.19

分数のたし算・ひき算 (6) 分数のひき算（約分なし）

名前　月　日

① $\frac{2}{3} - \frac{1}{4} = \frac{8}{12} - \frac{3}{12}$ ← 通分

$= \frac{5}{12}$

② $\frac{7}{9} - \frac{1}{6} = \frac{14}{18} - \frac{3}{18}$ ← 通分

$= \frac{11}{18}$

③ $\frac{7}{10} - \frac{5}{8} = \frac{28}{40} - \frac{25}{40}$ ← 通分

$= \frac{3}{40}$

④ $\frac{5}{6} - \frac{3}{4} = \frac{10}{12} - \frac{9}{12}$ ← 通分

$= \frac{1}{12}$

⑤ $\frac{3}{5} - \frac{1}{2} = \frac{6}{10} - \frac{5}{10}$ ← 通分

$= \frac{1}{10}$

19

解答

児童に実施させる前に，必ず指導される方が問題を解いてください。本書の解答は，あくまでも1つの例です。指導される方の作られた解答をもとに，本書の解答例を参考に児童の多様な考えに寄り添って○つけをお願いします。

P.20

分数のたし算・ひき算（7） 分数のひき算（約分あり）

月　日　名前

① $\dfrac{2}{3} - \dfrac{5}{12} = \dfrac{8}{12} - \dfrac{5}{12}$ ◁通分

　$= \dfrac{3}{12}$ 約分できるものは約分しよう

　$= \dfrac{1}{4}$

② $\dfrac{3}{5} - \dfrac{7}{20} = \dfrac{12}{20} - \dfrac{7}{20}$ ◁通分

　$= \dfrac{5}{20}$ ◁約分

　$= \dfrac{1}{4}$

③ $\dfrac{7}{6} - \dfrac{3}{10} = \dfrac{35}{30} - \dfrac{9}{30}$ ◁通分

　$= \dfrac{26}{30}$ ◁約分

　$= \dfrac{13}{15}$

④ $\dfrac{5}{7} - \dfrac{8}{21} = \dfrac{15}{21} - \dfrac{8}{21}$ ◁通分

　$= \dfrac{7}{21}$ ◁約分

　$= \dfrac{1}{3}$

P.21

分数のたし算・ひき算（8） 帯分数のひき算

月　日　名前

① $3\dfrac{4}{5} - 1\dfrac{1}{6} = 3\dfrac{24}{30} - 1\dfrac{5}{30}$ ◁通分

　$= 2\dfrac{19}{30}$

 整数どうし，分数どうしで計算するよ。

② $2\dfrac{4}{9} - 1\dfrac{1}{3} = 2\dfrac{4}{9} - 1\dfrac{3}{9}$ ◁通分

　$= 1\dfrac{1}{9}$

③ $2\dfrac{4}{5} - 1\dfrac{3}{10} = 2\dfrac{8}{10} - 1\dfrac{3}{10}$ ◁通分

　$= 1\dfrac{5}{10}$ ◁約分

　$= 1\dfrac{1}{2}$

④ $3\dfrac{5}{6} - \dfrac{7}{12} = 3\dfrac{10}{12} - \dfrac{7}{12}$ ◁通分

　$= 3\dfrac{3}{12}$ ◁約分

　$= 3\dfrac{1}{4}$

P.22

分数のたし算・ひき算（9） 帯分数のひき算

月　日　名前

① $2\dfrac{1}{8} - 1\dfrac{3}{4} = \dfrac{17}{8} - \dfrac{7}{4}$ ◁仮分数

　$= \dfrac{17}{8} - \dfrac{14}{8}$ ◁通分

　$= \dfrac{3}{8}$

② $1\dfrac{2}{5} - \dfrac{5}{6} = \dfrac{7}{5} - \dfrac{5}{6}$ ◁仮分数

　$= \dfrac{42}{30} - \dfrac{25}{30}$ ◁通分

　$= \dfrac{17}{30}$

③ $2\dfrac{1}{12} - 1\dfrac{1}{4} = \dfrac{25}{12} - \dfrac{5}{4}$ ◁仮分数

　$= \dfrac{25}{12} - \dfrac{15}{12}$ ◁通分

　$= \dfrac{10}{12}$ ◁約分

　$= \dfrac{5}{6}$

P.23

分数のたし算・ひき算（10） 3つの分数の計算

月　日　名前

① $\dfrac{3}{4} + \dfrac{2}{3} + \dfrac{1}{2} = \dfrac{9}{12} + \dfrac{8}{12} + \dfrac{6}{12}$

　$= \dfrac{23}{12}\left(1\dfrac{11}{12}\right)$

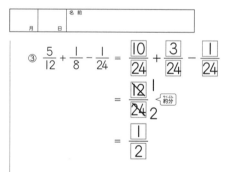 3つの分数を通分して計算するよ。

② $\dfrac{1}{5} - \dfrac{1}{10} + \dfrac{3}{20} = \dfrac{4}{20} - \dfrac{2}{20} + \dfrac{3}{20}$

　$= \dfrac{5}{20}$ ◁約分

　$= \dfrac{1}{4}$

③ $\dfrac{5}{12} + \dfrac{1}{8} - \dfrac{1}{24} = \dfrac{10}{24} + \dfrac{3}{24} - \dfrac{1}{24}$

　$= \dfrac{12}{24}$ ◁約分

　$= \dfrac{1}{2}$

P.24

分数と小数・整数 (1)

名前　月　日

● ジュースを3人で等分します。1人分は何Lになりますか。

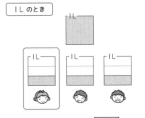

1Lのとき

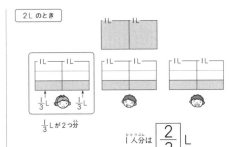

1人分は $\dfrac{1}{3}$ L

式　$1 \div 3 = \dfrac{1}{3}$

2Lのとき

$\dfrac{1}{3}$ が2つ分

1人分は $\dfrac{2}{3}$ L

式　$2 \div 3 = \dfrac{2}{3}$

24

P.25

分数と小数・整数 (2)

名前　月　日

● 4Lのジュースを3人で等分します。1人分は何Lになりますか。

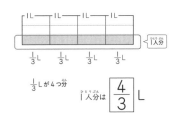

$\dfrac{1}{3}$Lが4つ分

1人分は $\dfrac{4}{3}$ L

式　$4 \div 3 = \dfrac{4}{3}$

■ 3Lのジュースを4人で等分します。1人分は何Lになりますか。

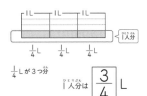

$\dfrac{1}{4}$Lが3つ分

1人分は $\dfrac{3}{4}$ L

式　$3 \div 4 = \dfrac{3}{4}$

整数どうしのわり算の商は，分数で表すことができます。$■ \div ● = \dfrac{■}{●}$

25

P.26

分数と小数・整数 (3)

名前　月　日

● わり算の商を分数で表しましょう。

① $4 \div 7 = \dfrac{4}{7}$　　$■ \div ● = \dfrac{■}{●}$

② $5 \div 9 = \dfrac{5}{9}$

③ $7 \div 8 = \dfrac{7}{8}$

④ $11 \div 13 = \dfrac{11}{13}$

■ □にあてはまる数を書きましょう。

① $\dfrac{8}{9} = 8 \div 9$

② $\dfrac{7}{3} = 7 \div 3$

③ $\dfrac{1}{6} = 1 \div 6$

④ $\dfrac{10}{9} = 10 \div 9$

26

P.27

分数と小数・整数 (4)

名前　月　日

● 分数を小数で表しましょう。

① $\dfrac{6}{5} = 6 \div 5$
　　$= 1.2$

② $\dfrac{3}{4} = 3 \div 4$
　　$= 0.75$

③ $\dfrac{5}{8} = 5 \div 8$
　　$= 0.625$

計算しよう。

27

解答

P.28

分数と小数・整数 (5)

名前　月　日

● 分数を小数で表しましょう。

① $2\frac{1}{2} = \frac{5}{2}$ （仮分数になおす）

$= 5 \div 2$

$= 2.5$

$$\begin{array}{r} 2.5 \\ 2\overline{)5} \\ 4 \\ \hline 10 \\ 10 \\ \hline 0 \end{array}$$

② $1\frac{3}{5} = \frac{8}{5}$

$= 8 \div 5$

$= 1.6$

$$\begin{array}{r} 1.6 \\ 5\overline{)8} \\ 5 \\ \hline 30 \\ 30 \\ \hline 0 \end{array}$$

③ $3\frac{3}{4} = \frac{15}{4}$

$= 15 \div 4$

$= 3.75$

$$\begin{array}{r} 3.75 \\ 4\overline{)15} \\ 12 \\ \hline 30 \\ 28 \\ \hline 20 \\ 20 \\ \hline 0 \end{array}$$

P.29

分数と小数・整数 (6)

● 小数を分数で表しましょう。

$$\begin{array}{l} 0.1 = \frac{1}{10} \\ 0.01 = \frac{1}{100} \\ 0.001 = \frac{1}{1000} \end{array}$$

① $0.3 = \frac{3}{10}$

②  $2.5 = \frac{25}{10}$ （約分）

$= \frac{5}{2}$

③ $0.09 = \frac{9}{100}$

どんな小数でも
分数で表す
ことができるよ。

④ $1.8 = \frac{18}{10}$ 約分

$= \frac{9}{5}$

⑤ $2.03 = \frac{203}{100}$

P.30

分数と小数・整数 (7)

名前　月　日

● 小数を分数で表しましょう。

① $3.2 = \frac{32}{10}$ （約分）

$= \frac{16}{5}$

② $0.06 = \frac{6}{100}$ （約分）

$= \frac{3}{50}$

③ $4.17 = \frac{417}{100}$

● 整数を分数で表しましょう。

① $8 = \frac{8}{1}$

② $7 = \frac{7}{1}$

③ $12 = \frac{12}{1}$

④ $15 = \frac{15}{1}$

⑤ $37 = \frac{37}{1}$

整数は，
1を分母とする
分数で表す
ことができるよ。

P.31

分数と小数・整数 (8)

名前　月　日

● 次の数の大小をくらべて，□に等号や不等号を書きましょう。

① $0.8 < \frac{5}{6}$

分数を小数になおして
比べてみよう。

$\frac{5}{6} = 5 \div 6$

$= 0.8333\cdots$

② $2.3 > \frac{9}{4}$

$\frac{9}{4} = 9 \div 4$

$= 2.25$

③ $0.6 = \frac{3}{5}$

$\frac{3}{5} = 3 \div 5$

$= 0.6$

④ $1.8 > \frac{12}{7}$

$\frac{12}{7} = 12 \div 7$

$= 1.71\cdots$

⑤ $3.1 < 3\frac{1}{8}$

$3\frac{1}{8} = \frac{25}{8}$

$= 25 \div 8$

$= 3.125$

P.32

分数と小数・整数 (9)　分数と小数のまじった計算

	月	日	名　前

① $\dfrac{2}{3} + 0.7 = \dfrac{2}{3} + \dfrac{\boxed{7}}{\boxed{10}}$

$= \dfrac{\boxed{20}}{\boxed{30}} + \dfrac{\boxed{21}}{\boxed{30}}$ ◀通分

$= \dfrac{\boxed{41}}{\boxed{30}}\left(\boxed{1}\dfrac{\boxed{11}}{\boxed{30}}\right)$ ◀帯分数

② $\dfrac{9}{8} - 0.8 = \dfrac{9}{8} - \dfrac{\boxed{8}}{\boxed{10}}$ ◀約分

$= \dfrac{9}{8} - \dfrac{\boxed{4}}{\boxed{5}}$

$= \dfrac{\boxed{45}}{\boxed{40}} - \dfrac{\boxed{32}}{\boxed{40}}$ ◀通分

$= \dfrac{\boxed{13}}{\boxed{40}}$

③ $\dfrac{5}{7} + 0.25 = \dfrac{5}{7} + \dfrac{\boxed{25}}{\boxed{100}}$ ◀約分

$= \dfrac{5}{7} + \dfrac{\boxed{1}}{\boxed{4}}$

$= \dfrac{\boxed{20}}{\boxed{28}} + \dfrac{\boxed{7}}{\boxed{28}}$ ◀通分

$= \dfrac{\boxed{27}}{\boxed{28}}$

P.33

分数と小数・整数 (10)　分数倍

	月	日	名　前

● 赤のテープの長さは5mです。
青のテープの長さは7mです。
赤のテープは，青のテープの長さの何倍ですか。

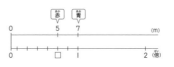

式　$\boxed{5} \div \boxed{7} = \dfrac{\boxed{5}}{\boxed{7}}$ ◀分数で答えよう

答え　$\dfrac{\boxed{5}}{\boxed{7}}$ 倍

● 白のテープの長さは5mです。
緑のテープの長さは3mです。
白のテープは，緑のテープの長さの何倍ですか。

式　$\boxed{5} \div \boxed{3} = \dfrac{\boxed{5}}{\boxed{3}}$

答え　$\dfrac{\boxed{5}}{\boxed{3}}$ 倍

P.34

比 例 (1)

	月	日	名　前

● 下の図のように高さが3cmの箱を積み重ねていきます。
箱の数□個と，高さ○cmの関係を調べましょう。

① 箱の数□と高さ○の関係を表にまとめましょう。

箱の数□(個)	1	2	3	4	5	6	7
高さ○(cm)	3	6	9	12	15	18	21

② 箱の数□が2倍，3倍，…になると，高さ○も2倍，3倍，…になっていますか。

（ (なっている)　なっていない ）

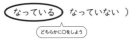どちらかに○をしよう

③ □にあてはまることばや数を書きましょう。

2つの量□と○があり，□が2倍，3倍，…になると，それにともなって○も

$\boxed{2}$倍，$\boxed{3}$倍，…になるとき，

「○は□に $\boxed{比例}$ する」

といいます。

P.35

比 例 (2)

	月	日	名　前

● 下の図のように，直方体のたてを4cm，横の長さを5cmと決めて，高さを1cm，2cm，3cm，…と変えていきます。
高さ□cmと体積○cm³の関係を調べましょう。

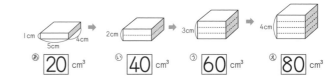

① 上のあ〜えの体積を□に書きましょう。

② 高さ□cmと体積○cm³の関係を表にまとめましょう。

高さ□(cm)	1	2	3	4	5	6	7
体積○(cm³)	20	40	60	80	100	120	140

③ ○(体積)は□(高さ)に比例していますか。

（ (比例している)　比例していない ）

どちらかに○をしよう

P.36

比 例 (3)

		月	日	名 前	

● １まい 25 円の色紙があります。この色紙を１まい，２まい，３まい，…と買ったとき，代金はどのように変わりますか。まい数 □まいと代金 ○円の関係を調べましょう。

① まい数 □まいと，代金 ○円の関係を表にまとめましょう。

まい数 □(まい)	1	2	3	4	5	6
代金 ○(円)	25	50	75	100	125	150

② ○(代金)は □(まい数)に比例していますか。

（ ⬭比例している 比例していない ）

どちらかに○をしよう

まい数が 2 倍，3 倍，…になると，代金も 2 倍，3 倍，…になっているかな。

③ □(まい数)と ○(代金)の関係を式に表します。□にあてはまる数を書きましょう。

ことばの式で表すと
| １まいのねだん | × | まい数 | = | 代金 |

$$25 \times □ = ○$$

④ 色紙を 12 まい買ったときの代金を求めましょう。

式 $$25 \times \boxed{12} = \boxed{300}$$

答え $\boxed{300}$ 円

36

P.37

比 例 (4)

		月	日	名 前	

● 次のともなって変わる 2 つの数量で，○が□に比例しているものはどれですか。（　）に○をしましょう。

① 1m 80 円のリボンを買うときの長さ □m と代金 ○円

リボンの長さ □(m)	1	2	3	4	5	6
代金 ○(円)	80	160	240	320	400	480

（○）

② 20 個入りのクッキーの，食べた数 □個と残りの数 ○個

食べた数 □(個)	1	2	3	4	5	6
残りの数 ○(個)	19	18	17	16	15	14

（　）

③ たての長さが 3cm の長方形の横の長さ □cm と面積 ○cm²

横の長さ □(cm)	1	2	3	4	5	6
面積 ○(cm²)	3	6	9	12	15	18

（○）

□が 2 倍，3 倍，…になると，それにともなって ○も 2 倍，3 倍，…になっているのはどれかな。

37

P.38

平 均 (1)

		月	日	名 前	

● ジュースが 3 つのコップに入っています。3 つのジュースの量を同じにするにはどうしたらよいですか。

⑦ 7dL ⑦ 5dL ⑦ 6dL

① ジュースは全部で何 dL ですか。

式 $$\boxed{7} + \boxed{5} + \boxed{6} = \boxed{18}$$

$\boxed{18}$ dL

② 全部の量を 3 つのコップに等しく分けると，1 つ分は何 dL ですか。

式 $$\boxed{18} ÷ \boxed{3} = \boxed{6}$$

$\boxed{6}$ dL

①，②を 1 つの式に表そう。

式 | ジュースの量の合計 | | 個数 | | 平均 |

$$(\boxed{7} + \boxed{5} + \boxed{6}) ÷ \boxed{3} = \boxed{6}$$

| 平均 = 合計 ÷ 個数 |

38

P.39

平 均 (2)

		月	日	名 前	

● 4 個のキウイフルーツの重さをはかりました。キウイフルーツの重さは，1 個平均何 g ですか。

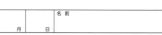
82g 85g 90g 79g

式

| キウイフルーツの重さの合計 | | 個数 | | 平均 |

$$(\boxed{82} + \boxed{85} + \boxed{90} + \boxed{79}) ÷ \boxed{4} = \boxed{84}$$

答え $\boxed{84}$ g

● 4 本の大根の長さをはかりました。大根の長さは，1 本平均何 cm ですか。

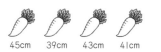
45cm 39cm 43cm 41cm

式

| 大根の長さの合計 | | 個数 | | 平均 |

$$(\boxed{45} + \boxed{39} + \boxed{43} + \boxed{41}) ÷ \boxed{4} = \boxed{42}$$

答え $\boxed{42}$ cm

39

P.40

平均 (3)

		名前
月	日	

● 下の表は，みゆさんが４月から８月に図書館で本を借りた数です。１か月に平均何さつ本を借りたことになりますか。

本を借りた数

月	4	5	6	7	8
本の数 (さつ)	2	5	3	6	5

 ← 平均 ＝ 合計 ÷ 個数

式

$(2+5+3+6+5) \div 5 = 4.2$

 平均は小数で表すこともあるよ。

答え 4.2 さつ

● 下の表は，けんたさんのサッカーチームの５試合の得点です。１試合の得点は平均何点ですか。

5試合の得点

試合	1	2	3	4	5
得点 (点)	2	4	1	1	3

式

$(2+4+1+1+3) \div 5 = 2.2$

答え 2.2 点

P.41

平均 (4)

		名前
月	日	

● 下の表は，えみさんのクラスの先週の欠席者の人数です。１日の欠席者は平均何人ですか。

欠席者の人数

曜日	月	火	水	木	金
人数 (人)	2	0	2	3	1

 平均を求めるときは，0のときも個数に入れるよ。

式

$(2+0+2+3+1) \div 5 = 1.6$

答え 1.6 人

● 下の表は，あかりさんのバスケットボールでの試合のシュート数の記録です。１試合のシュート数は平均何本ですか。

シュートの数

試合	1	2	3	4	5
シュートの数 (本)	5	1	3	0	4

0も計算に入れよう。

式

$(5+1+3+0+4) \div 5 = 2.6$

答え 2.6 本

P.42

平 均 (5)

		名前
月	日	

● たまごが30個あります。そのうち，4個を取り出して重さをはかりました。

58g　63g　60g　59g

① たまご１個の重さは平均何gですか。

式

$(58+63+60+59) \div 4 = 60$

答え 60 g

② たまご30個の重さは，何gになると考えられますか。

式

$60 \times 30 = 1800$

答え 約 1800 g

P.43

平 均 (6)

		名前
月	日	

● ゆうたさんの歩はばの平均は0.65mです。

歩はば　１歩で進むきょり

① ゆうたさんが100歩歩いたら約何mですか。

式

歩はば　歩数　きょり

$0.65 \times 100 = 65$

答え 約 65 m

② ゆうたさんが家からコンビニエンスストアまで歩くと400歩でした。家からコンビニエンスストアまで約何mですか。

式

歩はば　歩数　きょり

$0.65 \times 400 = 260$

答え 約 260 m

P.44

単位量あたりの大きさ (1)

月 日　名前

● ⓐとⓘの部屋に子どもがいます。どちらの部屋がこんでいるといえますか。

① ⓐ たたみ 6まい　ⓘ たたみ 8まい

子どもが 10人　子どもが 10人

★ ⓐとⓘをくらべると

どちらかに○をしよう

たたみのまい数は （ 同じ ・ (ちがう) ）

人数は （ (同じ) ・ ちがう ）

こんでいるのは ⓐ

② ⓐ たたみ 6まい　ⓘ たたみ 6まい

子どもが 8人　子どもが 7人

★ ⓐとⓘをくらべると

どちらかに○をしよう

たたみのまい数は （ (同じ) ・ ちがう ）

人数は （ 同じ ・ (ちがう) ）

こんでいるのは ⓐ

P.45

単位量あたりの大きさ (2)

月 日　名前

● ⓐとⓘの部屋に子どもがいます。どちらの部屋がこんでいるといえますか。

① ⓐ たたみ 8まい　ⓘ たたみ 6まい

子どもが 16人　子どもが 15人

★ ⓐとⓘをくらべると

どちらかに○をしよう

たたみのまい数は （ 同じ ・ (ちがう) ）

人数は （ 同じ ・ (ちがう) ）

② たたみ1まいあたりの人数を求めて
くらべましょう。

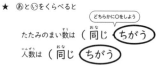

ⓐ 16 ÷ 8 = 2 (人)

ⓘ 15 ÷ 6 = 2.5 (人)

たたみ1まいあたりの人数が
多い方がこんでいるね。

こんでいるのは ⓘ

たたみのまい数も人数もちがうときは，
どうやってくらべたらいいかな。

P.46

単位量あたりの大きさ (3)

月 日　名前

● かいとさんが乗った電車は，
3両で54人乗っていました。
1両あたり平均何人乗って
いることになりますか。

54人

式

54 ÷ 3 = 18 (人)

答え 18 人

● ⓐとⓘの電車が駅を発車しました。
ⓐの電車は 5両で160人乗っていました。
ⓘの電車は 8両で280人乗っていました。
どちらの電車がこんでいるといえますか。

1両あたりの人数でくらべよう。

式

ⓐ 160 ÷ 5 = 32 (人)

略

ⓘ 280 ÷ 8 = 35 (人)

略

答え ⓘ の電車の方がこんでいる。

P.47

単位量あたりの大きさ (4)

月 日　名前

● 公園にすな場があります。
すな場の広さは 10m²で，
15人の子どもが遊んでいました。
1m²あたり何人の子どもが
いることになりますか。

15人

式

15 ÷ 10 = 1.5 (人)

答え 1.5 人

● ⓐとⓘの2つのプールがあります。
ⓐのプールは，広さが160m²で80人います。
ⓘのプールは，広さが250m²で100人います。
どちらのプールがこんでいるといえますか。

1m²あたりの人数でくらべよう。

式

ⓐ 80 ÷ 160 = 0.5 (人)

略

ⓘ 100 ÷ 250 = 0.4 (人)

略

答え ⓐ のプールの方がこんでいる。

P.48

単位量あたりの大きさ（5）

月　日　名前

● 東町の面積は 12km² で，人口は 1800 人です。
　1km² あたりの人口を求めましょう。

1km² あたりの人口を人口密度といいます。
人口密度 ＝ 人口 ÷ 面積

式

人口　　面積　　1km²あたりの人口
$1800 ÷ 12 = 150$
（人）

答え 150 人

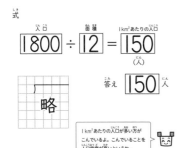
略

1km² あたりの人口が多い方がこんでいるよ。こんでいることを人口密度が高いというね。

● A市の面積は 86km² で，人口は 17200 人です。
　B市の面積は 95km² で，人口は 20900 人です。
　どちらの市の方がこんでいるといえますか。

電たくで計算しよう

式

人口　　　　面積　　1km²あたりの人数
A市 $17200 ÷ 86 = 200$
（人）

B市 $20900 ÷ 95 = 220$
（人）

答え B 市の方がこんでいる。

48

P.49

単位量あたりの大きさ　（6）

月　日　名前

● 下の表は，大阪府，京都府，奈良県の人口と面積を表したものです。
　それぞれの人口密度を求めて，表に書き入れましょう。

人口密度は，小数第一位を四捨五入して整数で求めよう。

	人口（人）	面積（km²）	人口密度（人）
大阪府	8840000	1900	4653
京都府	2580000	4600	561
奈良県	1320000	3700	357

（総務省 2020年）

式

電たくで計算しよう

大阪府
人口　　　　面積
$8840000 ÷ 1900 = 4652.6…$　　3

京都府
$2580000 ÷ 4600 = 560.8$　　1

奈良県
$1320000 ÷ 3700 = 356.7$　　7

49

P.50

単位量あたりの大きさ（7）

月　日　名前

● たかしさんの家の 8a の田んぼで 480kg のお米がとれました。
　1a あたり何 kg のお米がとれたといえますか。

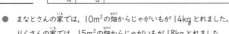
480kg

式

とれた量（重さ）　面積　1aあたりの量（重さ）
$480 ÷ 8 = 60$
（kg）

答え 60 kg

● まなとさんの家では，10m² の畑からじゃがいもが 14kg とれました。
　りくさんの家では，15m² の畑からじゃがいもが 18kg とれました。
　どちらの家の畑の方がたくさんとれたといえますか。

1m² あたりにとれたじゃがいもの量でくらべよう。

式

まなとさん

とれた量（重さ）　面積　1m²あたりの量（重さ）
$14 ÷ 10 = 1.4$
（kg）
略

りくさん

$18 ÷ 15 = 1.2$
（kg）
略

答え $まなと$ さんの家の畑の方がたくさんとれた。

50

P.51

単位量あたりの大きさ（8）

月　日　名前

● お店でノート 8 さつをセットにして 760 円で売っています。
　1さつあたりのねだんは何円になりますか。

式

全体のねだん　ノートの数　1さつあたりのねだん
$760 ÷ 8 = 95$
（円）

答え 95 円

● 25 個入りで 175 円のあめと，
　30 個入りで 240 円のあめがあります。
　1個あたりのねだんは，どちらが高いといえますか。

全体のねだん ÷ いくつ分 ＝ 1あたりのねだん

式

25 個入り
全体のねだん　個数　1個あたりのねだん
$175 ÷ 25 = 7$
（円）
略

30 個入り
$240 ÷ 30 = 8$
（円）
略

答え 30 個入りのあめの方が高い。

51

解答

児童に実施させる前に，必ず指導される方が問題を解いてください。本書の解答は，あくまでも1つの例です。指導される方の作られた解答をもとに，本書の解答例を参考に児童の多様な考えに寄り添って○つけをお願いします。

P.52

単位量あたりの大きさ（9）

| | 名前 |
|月 日| |

● ガソリン 20L で 360km 走れる車があります。
この車は 1L あたり何 km 走ることができますか。

式

全体の道のり		燃料（L）		1L あたりの道のり
360	÷	20	=	18
				（km）

答え 18 km

● 赤い車はガソリン 35L で 560km 走れます。
白い車はガソリン 40L で 680km 走れます。
同じガソリンの量でより長い道のりを走れるのはどちらの車ですか。

 1L で走れる道のりでくらべよう。

式

赤
全体の道のり		燃料（L）		1L あたりの道のり
560	÷	35	=	16
				（km）

略

白
680	÷	40	=	17
				（km）

略

答え 白い 車

52

P.53

単位量あたりの大きさ（10）

| | 名前 |
|月 日| |

● トラクターで畑を耕します。
3時間で 690m² を耕すことができました。
このトラクターは，1時間あたり何 m² の畑を耕すことができましたか。

式

全体の面積		時間		1時間あたりの面積
690	÷	3	=	230
				（m²）

答え 230 m²

● ⑧と⑩の2台のコピー機があります。
⑧のコピー機では，15分で 300 まいコピーできます。
⑩のコピー機では，9分で 162 まいコピーできます。
同じ時間でより多くのまい数をコピーできるのは，どちらのコピー機ですか。

 1分間あたりのまい数でくらべよう。

式

⑧
全体のまい数		時間（分）		1分間あたりのまい数
300	÷	15	=	20
				（まい）

略

⑩
162	÷	9	=	18
				（まい）

略

答え ⑧ のコピー機

53

P.54

単位量あたりの大きさ（11）

| | 名前 |
|月 日| |

● 次の問題を表に整理して答えを求めましょう。

①
さくらさんの町の人口は 620 人です。
町の面積は 5km² です。
1km² あたりの人口は何人ですか。

1あたりの量	同じ単位	
（？）人	（620）人	
1km²	（5）km²	
同じ単位

略

式
620	÷	5	=	124

答え 124 人

②
ひろとさんの家の畑で 240kg のタマネギがとれました。畑の面積は 60m² です。
1m² あたり何 kg とれましたか。

1あたりの量		
（？）kg	（240）kg	
1m²	（60）m²	

略

式
240	÷	60	=	4

答え 4 kg

54

P.55

単位量あたりの大きさ（12）

| | 名前 |
|月 日| |

● 次の問題を表に整理して答えを求めましょう。

①
スーパーで 320g が 960 円のパックのお肉を買いました。
このお肉は 1g あたり何円ですか。

1あたりの量		
（？）円	（960）円	
1g	（320）g	

略

式
960	÷	320	=	3

答え 3 円

②
3m の重さが 540g のロープがあります。
このロープ 1m の重さは何 g ですか。

1あたりの量		
（？）g	（540）g	
1m	（3）m	

略

式
540	÷	3	=	180

答え 180 g

55

P.56

単位量あたりの大きさ (13)

月	日	名前

● 次の問題を表に整理して答えを求めましょう。

①
> ガソリン1Lで18km走れる車があります。
> ガソリン15Lでは，この車は
> 何km走ることができますか。

全体の量（道のり）

(18) km	(?) km
1L	(15) L

×略

式　$18 \times 15 = 270$

答え　270 km

②
> 1m²あたり12本の花を花だんに植えます。
> 花だんは6m²です。
> 全部で何本の花を植えることができますか。

全体の量（花の数）

(12) 本	(?) 本
1m²	(6) m²

×略

式　$12 \times 6 = 72$

答え　72 本

P.57

単位量あたりの大きさ (14)

月	日	名前

● 次の問題を表に整理して答えを求めましょう。

①
> 1mの重さが160gのロープがあります。
> このロープが800gあるとき，
> ロープの長さは何mになりますか。

(160) g	(800) g
1m	(?) m

いくつ分

略

式　$800 \div 160 = 5$

答え　5 m

②
> ガソリン1Lで15km走れる車があります。
> この車が450km走るには，
> 何Lのガソリンが必要ですか。

(15) km	(450) km
1L	(?) L

いくつ分

略

式　$450 \div 15 = 30$

答え　30 L

P.58

速さ (1)

月	日	名前

● りくさん，さとしさん，こうたさんの3人が走った道のりと
かかった時間を調べました。

	道のり (m)	時間 (秒)
りくさん	50	10
さとしさん	50	9
こうたさん	70	9

① りくさんとさとしさんでは，どちらが速いですか。
あてはまる方に○をして答えましょう。

（⦿走った道のり　走った時間）が同じだから
走った時間でくらべる。
時間が（長い　⦿短い）方が速い。

答え　さとしさん

② さとしさんとこうたさんでは，どちらが速いですか。
あてはまる方に○をして答えましょう。

（走った道のり　⦿走った時間）が同じだから
走った道のりでくらべる。
道のりが（⦿長い　短い）方が速い。

答え　こうたさん

> 走った道のりや時間がちがう
> りくさんとこうたさんは
> どうやってくらべたらいいかな。

P.59

速さ (2)

月	日	名前

● 下の表は，ひなたさんとそらさんが走った道のりと
かかった時間を表しています。
ひなたさんとそらさんでは，どちらが速いですか。

	道のり (m)	時間 (秒)
ひなたさん	120	24
そらさん	90	15

> 走った道のりも時間もちがうよ。
> どうやってくらべたらいいかな。

① ひなたさんが1秒間あたりに走った道のりを
求めましょう。

式　$120 \div 24 = 5$

略　　答え　5 m

② そらさんが1秒間あたりに走った道のりを
求めましょう。

式　$90 \div 15 = 6$

略　　答え　6 m

③ ひなたさんとそらさんでは，どちらが速いですか。
あてはまる方に○をして答えましょう。

1秒間あたりに走った道のりが
（⦿長い　短い）方が速い。

答え　そらさん

解答

児童に実施させる前に，必ず指導される方が問題を解いてください。本書の解答は，あくまでも１つの例です。指導される方の作られた解答をもとに，本書の解答例を参考に児童の多様な考えに寄り添って○つけをお願いします。

P.60

速さ (3)

名前		
月	日	

速さ ＝ 道のり ÷ 時間

時速…１時間あたりに進む道のりで表した速さ
分速…１分間あたりに進む道のりで表した速さ
秒速…１秒間あたりに進む道のりで表した速さ

ある新幹線は，道のり 460km を 時間 2時間で走ります。この新幹線の時速を求めましょう。

式
道のり 時間 速さ
460 ÷ 2 ＝ 230

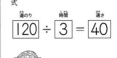

答え 時速 230 km

あるカメが，3分間で 120m 進みます。このカメの分速を求めましょう。

式
道のり 時間 速さ
120 ÷ 3 ＝ 40

答え 分速 40 m

1000m を 5秒間で飛ぶジェット機があります。このジェット機の秒速を求めましょう。

式
道のり 時間 速さ
1000 ÷ 5 ＝ 200

答え 秒速 200 m

60

P.61

速さ (4)　速さを求める

名前		
月	日	

● あ の自動車は，240kmを 3時間で走りました。
　い の自動車は，180kmを 2時間で走りました。
　あ と い の自動車では，どちらが速いですか。

あ と い それぞれの時速を求めてくらべよう。

式
　　　道のり　　時間　　速さ（時速）
あ　240 ÷ 3 ＝ 80 (km)

い　180 ÷ 2 ＝ 90 (km)

答え い の自動車の方が速い。

61

P.62

速さ (5)　速さを求める

名前		
月	日	

● さきさんは，600mを 8分間で歩きました。
　あゆさんは，840mを 12分間で歩きました。
　さきさんと あゆさんでは，どちらが速いですか。

それぞれの分速を求めてくらべよう。

式
　　　　　道のり　時間　速さ（分速）
さきさん　600 ÷ 8 ＝ 75 (m) 略

あゆさん　840 ÷ 12 ＝ 70 (m) 略

答え さきさん の方が速い。

62

P.63

速さ (6)　速さを求める

名前		
月	日	

● 540mを 30秒間で走るシマウマと，
　380mを 20秒間で走るカンガルーとでは，
　どちらが速いですか。

それぞれの秒速を求めてくらべよう。

式
　　　　　道のり　時間　速さ（秒速）
シマウマ　540 ÷ 30 ＝ 18 (m) 略

カンガルー　380 ÷ 20 ＝ 19 (m) 略

答え カンガルー の方が速い。

63

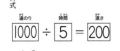

116

P.64

速さ (7)　時速・分速・秒速

		名前
月	日	

● 時速 96kmで走る特急電車があります。
この電車は 分速 何kmですか。

```
┌─÷60─┐┌─÷60─┐
時速    分速    秒速
```

1 時間 = 60 分
1 時間 (60 分) で 96kmだから
60 でわるといいね。

式

$$96 ÷ 60 = 1.6$$

略　　答え　分速　1.6 km

● チーターは 分速 1.8 kmで走ります。
分速 1.8 km は 秒速 何mですか。

```
┌─÷60─┐┌─÷60─┐
時速    分速    秒速
```

1.8km = 1800 m

秒速 何mで答えるので，
1.8kmをmになおしておくよ。

式

$$1800 ÷ 60 = 30$$

略　　答え　秒速　30 m

P.65

速さ (8)　時速・分速・秒速

		名前
月	日	

● 秒速 8mで上がる高速エレベーターがあります。
このエレベーターは 分速 何mですか。

```
時速    分速    秒速
 └─×60─┘└─×60─┘
```

1 分= 60 秒
1 秒間あたり 8mだから 60 秒だと…。

式

$$8 × 60 = 480$$

×略　　答え　分速　480 m

● 分速 450mで走るモノレールがあります。
このモノレールは 時速 何kmですか。

```
時速    分速    秒速
 └─×60─┘└─×60─┘
```

式

$$450 × 60 = 27000$$

mをkmになおすよ。

27000 m = 27 km

×略　　答え　時速　27 km

P.66

速さ (9)　道のりを求める

		名前
月	日	

道のり ＝ 速さ × 時間

● 秒速 18mで走るノウサギが，
5 秒間 走ります。
何m 走ることができますか。

式

$$18 × 5 = 90$$

速さ　時間　道のり

×略　　答え　90 m

● 分速 75mで歩く人が，
40 分間 歩きます。
何km 歩くことができますか。

式

$$75 × 40 = 3000$$

速さ　時間　道のり

mをkmになおすよ。

3000 m = 3 km

×略　　答え　3 km

P.67

速さ (10)　道のりを求める

		名前
月	日	

道のり ＝ 速さ × 時間

● 時速 52kmで走るバスが，
5 時間 進みます。
何km 進むことができますか。

式

$$52 × 5 = 260$$

速さ　時間　道のり

×略　　答え　260 km

● 分速 2kmで進む電車が
2 時間 進むと，何km 進むことができますか。

① 分速 2kmは 時速 何kmですか。

式

$$2 × 60 = 120$$

答え　時速　120 km

② 2 時間進んだ道のりを求めましょう。

式

$$120 × 2 = 240$$

速さ　時間　道のり

答え　240 km

P.68

速さ (11) 時間を求める

名前 月 日

時間 ＝ 道のり ÷ 速さ

● 分速 250m で走る自転車が 750m 走るのに何分かかりますか。

式

道のり 750 ÷ 速さ 250 ＝ 時間 3

| 略 |

答え 3 分

● 時速 55km で走る自動車が 220km 進むのに何時間かかりますか。

式

道のり 220 ÷ 速さ 55 ＝ 時間 4

| 略 |

答え 4 時間

P.69

速さ (12)

名前 月 日

● 次の⑦〜⑨の問題を答えましょう。

⑦
4.5m の道のりを
3 分間で進んだ
ナマケモノの分速

速さ ＝ 道のり ÷ 時間

式

$4.5 \div 3 = 1.5$

答え 分速 1.5 m

⑦
時速 50km で走る
キリンが 2 時間に
進む 道のり

道のり ＝ 速さ × 時間

式

$50 \times 2 = 100$

答え 100 km

⑨
秒速 20m で走る
ライオンが 500m
進むのに かかる時間

時間 ＝ 道のり ÷ 速さ

式

$500 \div 20 = 25$

答え 25 秒

P.70

割合とグラフ (1)

名前 月 日

● 次の⑦〜⑨の問いを求める図や式をくらべましょう。

⑦
犬が 4 ひきいます。
ねこが 12 ひきいます。
ねこの数は，犬の数の
何倍ですか。

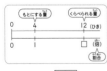
かけ算を使った式
犬の 3倍が ねこ
$4 \times \square = 12$

もとにする量 / くらべられる量

$12 \div 4 = \boxed{3}$

答え 3 倍

⑦
犬が 4 ひきいます。
ねこは，犬の 3 倍の数です。
ねこは何びきですか。

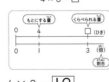
かけ算を使った式
犬の 3倍が ねこ
$4 \times 3 = \square$

もとにする量 / くらべられる量

$4 \times 3 = \boxed{12}$

答え 12 ひき

⑨
ねこが 12 ひきいます。
ねこは，犬の数の 3 倍に
あたります。
犬は何びきですか。

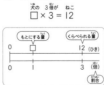
かけ算を使った式
$\square \times 3 = 12$

もとにする量 / くらべられる量

$12 \div 3 = \boxed{4}$

答え 4 ひき

P.71

割合とグラフ (2) 割合を求める

名前 月 日

● だいちさんは，これまでのサッカーの試合で，10 回シュートをして 4 回ゴールを決めています。シュートの数をもとにしたゴールの割合を求めましょう。

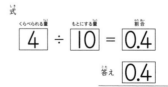
1とみる
シュートの数の □倍が ゴールの数
$10 \times \square = 4$

式

くらべられる量 4 ÷ もとにする量 10 ＝ 割合 0.4

答え 0.4

● 公園に 25 人います。このうち，大人は 8 人です。全体の人数をもとにした大人の人数の割合を求めましょう。

全体の人数の □倍が 大人の数
$25 \times \square = 8$

式

くらべられる量 8 ÷ もとにする量 25 ＝ 割合 0.32

答え 0.32

P.72

割合とグラフ（3）　くらべられる量を求める

名前　月　日

● 陸上クラブの定員は 20 人です。
希望者は定員の 1.2 倍だったそうです。
希望者は何人でしたか。

定員の 1.2 倍が 希望者
20 × 1.2 ＝ □

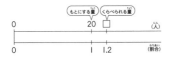

式

もとにする量 × 割合 ＝ くらべられる量
| 20 | × | 1.2 | ＝ | 24 |

答え | 24 | 人

● 650 円のショートケーキが，夕方にその 0.8 倍の
ねだんで売られています。
ケーキのねだんはいくらになりますか。

もとのねだんの 0.8 倍が 夕方のねだん
650 × 0.8 ＝ □

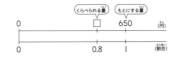

式

もとにする量 × 割合 ＝ くらべられる量
| 650 | × | 0.8 | ＝ | 520 |

答え | 520 | 円

P.73

割合とグラフ（4）　もとにする量を求める

名前　月　日

● 今週，保健室を利用した人数は 18 人でした。
これは，先週の 0.9 倍にあたる人数です。
先週，保健室を利用した人数は何人でしたか。

先週の 0.9 倍が 今週
□ × 0.9 ＝ 18

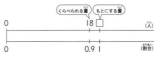

式

くらべられる量 ÷ 割合 ＝ もとにする量
| 18 | ÷ | 0.9 | ＝ | 20 |

答え | 20 | 人

● 音楽クラブの希望者は 12 人でした。
これは，定員の 1.5 倍にあたる人数です。
音楽クラブの定員は何人ですか。

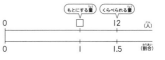
定員の 1.5 倍が 希望者
□ × 1.5 ＝ 12

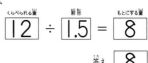

式

くらべられる量 ÷ 割合 ＝ もとにする量
| 12 | ÷ | 1.5 | ＝ | 8 |

答え | 8 | 人

P.74

割合とグラフ（5）　百分率

名前　月　日

割合を表す小数や整数	1	0.1	0.01	0.001
百分率	100%	10%	1%	0.1%

● 小数や整数で表した割合を百分率で表しましょう。

① 0.7　| 70 | %

② 0.26　| 26 | %

③ 3　| 300 | %

④ 1.5　| 150 | %

小数や整数に 100 をかけた数が百分率になるよ。

● 百分率で表した割合を整数や小数で表しましょう。

① 80%　| 0.8 |

② 42%　| 0.42 |

③ 200%　| 2 |

④ 120%　| 1.2 |

⑤ 36%　| 0.36 |

1% = 0.01 だから，百分率を 100 でわるといいね。

P.75

割合とグラフ（6）　割合（百分率）を求める

名前　月　日

割合 ＝ くらべられる量 ÷ もとにする量

● 定員が 60 人のバスがあります。
このバスに 48 人の乗客がいます。
乗客の数は定員の何%にあたりますか。

定員の □ 倍が 乗客数
60 × □ ＝ 48

式

48 ÷ 60 = 0.8
0.8 × 100 = 80
×100で%にする

答え | 80 | %

● 今日，5 年生で学校を休んだのは 15 人でした。
5 年生全体の人数は 100 人です。
今日，学校を休んだ人数は 5 年生全体の何%ですか。

全体の人数の □ 倍が 休んだ人数
100 × □ ＝ 15

式

くらべられる量 ÷ もとにする量 ＝ 割合
| 15 | ÷ | 100 | ＝ | 0.15 |
| 0.15 | × | 100 | ＝ | 15 |

答え | 15 | %

解答

児童に実施させる前に，必ず指導される方が問題を解いてください。本書の解答は，あくまでも1つの例です。指導される方の作られた解答をもとに，本書の解答例を参考に児童の多様な考えに寄り添って○つけをお願いします。

P.76

割合とグラフ（7）　割合（百分率）を求める

月	日	名　前

割合 ＝ くらべられる量 ÷ もとにする量

● 今年，みゆさんの家の畑で 156kg のじゃがいもが
とれました。昨年は 130kg とれました。
今年とれた量は，昨年の何％にあたりますか。

昨年の量の □倍が 今年の量
130 × □ ＝ 156

式

くらべられる量　もとにする量　割合
$156 ÷ 130 = 1.2$

$1.2 × 100 = 120$

答え 120 ％

● としやさんは 320 ページの本を読んでいます。
今，240 ページまで読み終わりました。
読んだのは全体の何％にあたりますか。

全体のページ数の □倍が 読んだページ数
320 × □ ＝ 240

式

くらべられる量　もとにする量　割合
$240 ÷ 320 = 0.75$

$0.75 × 100 = 75$

答え 75 ％

P.77

割合とグラフ（8）　くらべられる量を求める（百分率）

月	日	名　前

くらべられる量 ＝ もとにする量 × 割合

● ある電車の定員は 500 人です。
今日の乗客は，定員の 120％でした。
今日の乗客数は何人ですか。

$120\% = 1.2$

定員の 1.2 倍が 乗客数
500 × 1.2 ＝ □

0　　　　　500　□
├─────┼──┤ （人）
0　　　　　1　1.2
（100%）（120%）（割合）

式

$500 × 1.2 = 600$

答え 600 人

● かずまさんの家の畑は 480m² です。
この畑の 25％にニンジンを植えています。
ニンジンの畑は 何m²ですか。

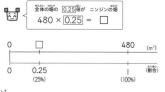

$25\% = 0.25$

全体の畑の 0.25 倍が ニンジンの畑
480 × 0.25 ＝ □

0　　　　　□　　　　480　（m²）
├─────┼───────┤
0　　　　0.25　　　　　1　（割合）
（25%）　　　　　　（100%）

式

$480 × 0.25 = 120$

答え 120 m²

P.78

割合とグラフ（9）　くらべられる量を求める（百分率）

月	日	名　前

くらべられる量 ＝ もとにする量 × 割合

● くじを 200 本作ります。
そのうち，15％を当たりくじにします。
当たりくじは何本になりますか。

$15\% = 0.15$

くじ全体の数の 0.15 倍が 当たりくじの数
（15%）
200 × 0.15 ＝ □
（15%）

式

もとにする量　割合　くらべられる量
$200 × 0.15 = 30$

答え 30 本

● ある小学校の今年の児童数は 195 人です。
この小学校の 10 年前の児童数は，今年の児童数の
160％にあたります。
10 年前の児童数は何人ですか。

$160\% = 1.6$

今年の児童数の 1.6 倍が 10年前の児童数
（160%）
195 × 1.6 ＝ □
（160%）

式

もとにする量　割合　くらべられる量
$195 × 1.6 = 312$

答え 312 人

P.79

割合とグラフ（10）　もとにする量を求める（百分率）

月	日	名　前

もとにする量 ＝ くらべられる量 ÷ 割合

● かずとさんは，クイズ大会で 9 問正解しました。
この数は，全部の問題数の 60％にあたります。
問題は全部で何問でしたか。

$60\% = 0.6$

全部の問題数の 0.6 倍が 正解数
□ × 0.6 ＝ 9

0　　　9　　　□　（問）
├───┼───┤
0　　0.6　　1　（割合）
（60%）（100%）

式

$9 ÷ 0.6 = 15$

答え 15 問

● みさきさんはハンカチを 450 円で買いました。
この代金は，もとのねだんの 75％にあたります。
ハンカチのもとのねだんは何円ですか。

$75\% = 0.75$

もとのねだんの 0.75 倍が 代金
□ × 0.75 ＝ 450

0　　　　450　　　□　（円）
├─────┼─────┤
0　　　　0.75　　　1　（割合）
（75%）（100%）

式

$450 ÷ 0.75 = 600$

答え 600 円

P.80

割合とグラフ（11）　もとにする量を求める（百分率）

名前　　月　　日

> もとにする量 ＝ くらべられる量 ÷ 割合

● ゆうきさんが かべのペンキぬりを 12m² 終えました。
12m²は，全体のかべの面積の 80%にあたります。
かべ全体の面積は 何m²ですか。

$$80\% = \boxed{0.8}$$

全体のかべの面積の $\boxed{0.8}$ 倍が ぬった面積
（80%）
$\boxed{}$ × $\boxed{0.8}$ ＝ 12
（80%）

式
くらべられる量　割合　もとにする量
$$\boxed{12} ÷ \boxed{0.8} = \boxed{15}$$

答え $\boxed{15}$ m²

● 図書館に子どもが 45 人います。
これは，図書館にいる大人の数の 125%にあたります。
大人は何人ですか。

$$125\% = \boxed{1.25}$$

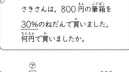
大人の数の $\boxed{1.25}$ 倍が 子どもの数
（125%）
$\boxed{}$ × $\boxed{1.25}$ ＝ 45
（125%）

式
くらべられる量　割合　もとにする量
$$\boxed{45} ÷ \boxed{1.25} = \boxed{36}$$

答え $\boxed{36}$ 人

80

P.81

割合とグラフ（12）

名前　　月　　日

● 次の⑦と④の問題をよく読んで答えましょう。

⑦ さきさんは，800 円の筆箱を 30%のねだんで買いました。
何円で買いましたか。

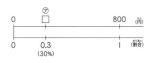
0　　⑦　　800　（円）
0　0.3　　1　（割合）
　（30%）

式
$$\boxed{800} × \boxed{0.3} = \boxed{240}$$

答え $\boxed{240}$ 円

④ ゆかさんは，800 円の筆箱を 30%引きのねだんで買いました。
何円で買いましたか。

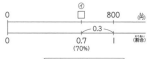
0　　□　800　（円）
　　0.3
0　0.7　1　（割合）
　（70%）

 30%引きのねだんは，もとのねだんの 70%にあたるよ。

式
$$800 × 0.3 = 240$$
$$800 - 240 = \boxed{560}$$

$$800 × (1 - 0.3) = 800 × 0.7$$
$$= \boxed{560}$$

答え $\boxed{560}$ 円　　答え $\boxed{560}$ 円

81

P.82

割合とグラフ（13）　円グラフ

名前　　月　　日

● 下のグラフは，5年 1 組の学級にある本の種類を表したものです。

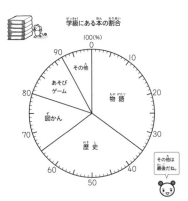

学級にある本の割合

① 左のようなグラフを何グラフといいますか。

$$\boxed{円グラフ}$$

② 物語は全体の 何 % ですか。

$$\boxed{35\%}$$

③ 歴史は全体の 何 % ですか。

$$\boxed{30\%}$$

④ 図かんは全体の 何 % ですか。

$$\boxed{15\%}$$

82

P.83

割合とグラフ（14）　帯グラフ

名前　　月　　日

● 下のグラフは，クラスで好きな動物についてアンケートを行った結果です。

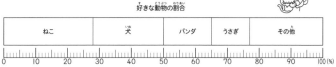

好きな動物の割合

ねこ	犬	パンダ	うさぎ	その他

0　10　20　30　40　50　60　70　80　90　100（%）

① 上のようなグラフを何グラフといいますか。

$$\boxed{帯グラフ}$$

② ねこは全体の 何 % ですか。

$$\boxed{28\%}$$

③ 犬は全体の 何 % ですか。

$$\boxed{22\%}$$

④ パンダは全体の 何 % ですか。

$$\boxed{15\%}$$

⑤ うさぎは全体の 何 % ですか。

$$\boxed{12\%}$$

⑥ その他は全体の 何 % ですか。

$$\boxed{23\%}$$

全部を合わせて 100%になっているかな。

83

P.84

割合とグラフ (15) 円グラフ

| | | 月 | 日 | 名 前 | |

● 5年1組で遠足に行きたい場所のアンケートをとりました。

遠足で行きたい場所

場所	人数 (人)	百分率 (%)
遊園地	12	40
水族館	9	30
科学館	3	10
その他	6	20
合計	30	100

① それぞれの割合(百分率)を求め，上の表に書き入れましょう。

遊園地 $\boxed{12} \div \boxed{30} \times 100 = \boxed{40}$

水族館 $\boxed{9} \div \boxed{30} \times 100 = \boxed{30}$

科学館 $\boxed{3} \div \boxed{30} \times 100 = \boxed{10}$

② 表にまとめた割合を下の円グラフに表しましょう。

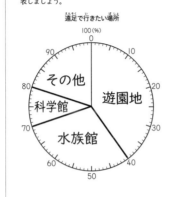

遠足で行きたい場所

（円グラフ：遊園地，水族館，科学館，その他）

84

P.85

割合とグラフ (16) 帯グラフ

| | | 月 | 日 | 名 前 | |

● 5年2組で好きな給食のメニューのアンケートをとりました。

好きな給食

メニュー	人数 (人)	百分率 (%)
カレーライス	12	40
ラーメン	6	20
ハンバーグ	5	17
からあげ	3	10
その他	4	13
合計	30	100

① それぞれの割合(百分率)を求め，左の表に書き入れましょう。
（わり切れないときは，$\frac{1}{10}$ の位を四捨五入して求めましょう。）

カレーライス $\boxed{12} \div \boxed{30} \times 100 = \boxed{40}$

ラーメン $\boxed{6} \div \boxed{30} \times 100 = \boxed{20}$

ハンバーグ $\boxed{5} \div \boxed{30} \times 100 = \boxed{16.6}^{7}$

からあげ $\boxed{3} \div \boxed{30} \times 100 = \boxed{10}$

② 表にまとめた割合を下の帯グラフに表しましょう。

好きな給食のメニュー

| カレーライス | ラーメン | ハンバーグ | からあげ | その他 |

0　10　20　30　40　50　60　70　80　90　100(%)

85

P.86

正多角形と円 (1)

| | | 月 | 日 | 名 前 | |

● 次の正多角形の名前を書きましょう。

> 辺の長さがみんな等しく，角の大きさも
> みんな等しい多角形を正多角形といいます。

 辺の数はそれぞれいくつかな。

③ 正五角形　④ 正六角形

⑤ 正七角形　⑥ 正八角形

① 正三角形

② 正四角形
（正方形）

86

P.87

正多角形と円 (2)

| | | 月 | 日 | 名 前 | |

● 円を使っていろいろな正多角形をかきましょう。

① 正三角形

 円の中心のまわりの角 360°を3等分するので
360 ÷ 3 = 120 で120°ずつ分ける。

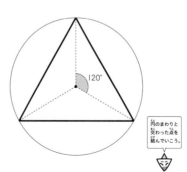
120°

円のまわりと交わった点を結んでいこう。

② 正五角形

円の中心のまわりの角 360°を5等分するので
360 ÷ $\boxed{5}$ = $\boxed{72}$ で $\boxed{72}$ ずつ分ける。

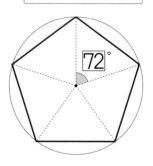
$\boxed{72}$°

87

122

P.88

正多角形と円 (3)

名前　　月　日

● 円を使っていろいろな正多角形をかきましょう。

① 正四角形（正方形）

 円の中心のまわりの角 360° を 4 等分するので
360 ÷ 4 = 90 で 90 ずつ分ける。

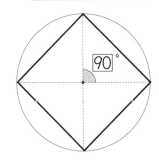

90°

② 正八角形

円の中心のまわりの角 360° を 8 等分するので
360 ÷ 8 = 45 で 45 ずつ分ける。

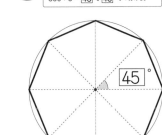

45°

88

P.89

正多角形と円 (4)

名前　　月　日

● 正六角形の角⑦，角④，角⑦の大きさを求めましょう。

① 角⑦ は何度ですか。

式　360 ÷ 6 = 60

角⑦ 60°

② 角④，角⑦ はそれぞれ何度ですか。

式　(180 − 60) ÷ 2 = 60

角④ 60°　角⑦ 60°

③ 三角形 AOB は何という三角形ですか。

正三角形

● 正五角形の角⑦，角④，角⑦の大きさを求めましょう。

① 角⑦ は何度ですか。

式　360 ÷ 5 = 72

角⑦ 72°

② 角④，角⑦ はそれぞれ何度ですか。

式　(180 − 72) ÷ 2 = 54

角④ 54°　角⑦ 54°

③ 三角形 AOB は何という三角形ですか。

二等辺三角形

89

P.90

正多角形と円 (5)

名前　　月　日

● 円の中心のまわりの角を等分して，正六角形をかきましょう。

 円の中心のまわりの角 360° を 6 等分するので
360 ÷ 6 = 60 で 60 ° ずつ分ける。

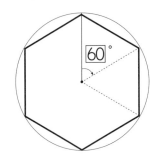

60°

● 半径 4cm の円のまわりをコンパスで区切って，1 辺 4cm の正六角形をかきましょう。

6 つの三角形は正三角形だから，三角形の 3 つの辺はすべて 4cm になるよ。

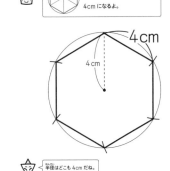

4cm

4 cm

半径はどこも 4cm だね。

90

P.91

正多角形と円 (6)

名前　　月　日

● 次の□にあてはまることばや数を書きましょう。

円周
半径
直径

① 円のまわりを **円周** といいます。

② 円周は，直径の約 **3.14** 倍です。

③ 円周率 = **円周** ÷ 直径

④ 円周 = **直径** × 3.14

■ 次の円の円周の長さを求めましょう。

円周 = 直径 × 3.14

① 直径 10 cm の円

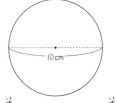

10cm

② 直径 7 cm の円

7cm

式　10 × 3.14 = 31.4

答え 31.4 cm

式　7 × 3.14 = 21.98

答え 21.98 cm

91

解答

P.92

正多角形と円 (7)

		名前
	月　日	

● 次の円の円周の長さを求めましょう。

電たくで計算しよう

囲み：円周 ＝ 直径 × 3.14

① 半径 3cmの円

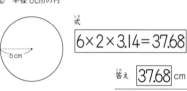

（半径×2×3.14で求めよう。）

式　$3 × 2 × 3.14 = 18.84$

答え　18.84 cm

② 半径 6cmの円

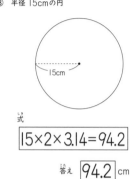

式　$6 × 2 × 3.14 = 37.68$

答え　37.68 cm

③ 半径 15cmの円

（図：15cm）

式　$15 × 2 × 3.14 = 94.2$

答え　94.2 cm

92

P.93

正多角形と円 (8)

		名前
	月　日	

● 円周の長さが次のような円の，直径や半径の長さを求めましょう。

① 円周が9.42cmの円の直径

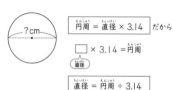（?cm）

円周 ＝ 直径 × 3.14 だから

□ × 3.14 ＝ 円周
　直径

直径 ＝ 円周 ÷ 3.14

式　$9.42 ÷ 3.14 = 3$

答え　3 cm

② 円周が18.84cmの円の半径

（?cm）

求めるのは半径だよ。気をつけよう。

式　$18.84 ÷ 3.14 = 6$
　　$6 ÷ 2 = 3$

答え　3 cm

93

P.94

正多角形と円 (9)

		名前
	月　日	

● 次の図は，円を半分に切ったものです。まわりの長さを求めましょう。

10cm

（円周の半分の長さ／直径）

式

$10 × 3.14 ÷ 2 = 15.7$

$15.7 + 10 = 25.7$

答え　25.7 cm

● 次の図は，円を $\frac{1}{4}$ に切ったものです。まわりの長さを求めましょう。

5cm

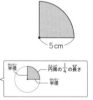
（半径／円周の $\frac{1}{4}$ の長さ／半径）

式

$5 × 2 × 3.14 ÷ 4 = 7.85$

$7.85 + 5 × 2 = 17.85$

答え　17.85 cm

94

P.95

角柱と円柱 (1)

		名前
	月　日	

● 角柱の部分の名前を □ から選んで □ に書きましょう。（同じことばを2度使ってもかまいません。）

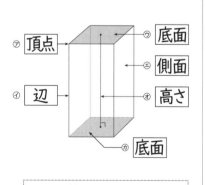

⑦ 頂点　　底面
④ 辺　　側面　　高さ
　　　　底面

囲み：辺 ・ 底面 ・ 高さ ・ 側面 ・ 頂点

● 角柱について，あてはまる方のことばに○をしましょう。

① 角柱の2つの底面は合同で，（垂直・**平行**）な関係になっています。

② 角柱の底面と側面は，たがいに（**垂直**・平行）な関係になっています。

③ 角柱の側面の形は，（**長方形**・三角形）か正方形です。

④ 角柱の底面に（**垂直**・平行）な直線で，2つの底面にはさまれた部分の長さを高さといいます。

95

124

P.96

角柱と円柱 (2)

	月	日	名前

● 次の角柱について表にまとめましょう。

⑦ 　⑦ 　⑦ 　⑦

	⑦ 三角柱	⑦ 四角柱	⑦ 五角柱	⑦ 六角柱
底面の形	三角形	四角形	五角形	六角形
辺の数	9	12	15	18
頂点の数	6	8	10	12
側面の数	3	4	5	6
面の数	5	6	7	8

96

P.97

角柱と円柱 (3)

	月	日	名前

● 円柱の部分の名前を □ から選んで □ に書きましょう。（同じことばを２度使ってもかまいません。）

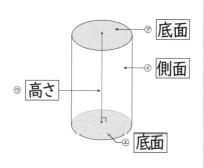

⑦ 底面
⑦ 側面
⑦ 高さ
底面

側面 ・ 高さ ・ 底面

● 円柱について，あてはまることばを □ から選んで □ に書きましょう。

① 円柱の２つの底面は 合同 な円で，たがいに 平行 な関係になっています。

② 円柱の側面のように曲がった面を 曲面 といいます。

③ 円柱の底面に 垂直 な直線で，２つの底面にはさまれた部分の長さを高さといいます。

平行 ・ 垂直 ・ 曲面 ・ 合同

97

P.98

角柱と円柱 (4)

	月	日	名前

● 次の立体の名前を □ に書きましょう。

①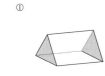

底面は，合同で平行な２つの面のことだよ。上と下になっているとは限らないよ。

三角柱

②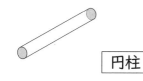

円柱

● 次の展開図を組み立てると，何という立体ができますか。□ に名前を書きましょう。

①

六角柱

②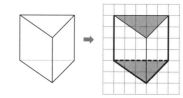

円柱

98

P.99

角柱と円柱 (5)

	月	日	名前

● 三角柱の見取図の続きをかきましょう。

見取図がかけたら底面に色をぬろう。

● 円柱の見取図の続きをかきましょう。

見取図がかけたら底面に色をぬろう。

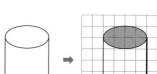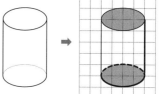

99

125

P.100

角柱と円柱（6）

月　日　名前

● 下の三角柱の展開図の続きをかきましょう。

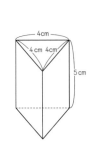

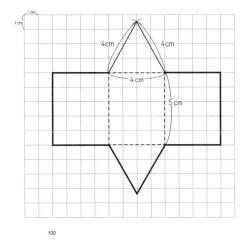

P.101

角柱と円柱（7）

月　日　名前

● 下の円柱の展開図の続きをかきましょう。

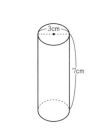
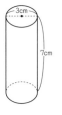

側面の長方形はどんな大きさになるかな。

〈ヒント〉

9.42 cm　7 cm　円柱の高さ

底面の円周と同じ長さ

$3 \times 3.14 = 9.42$

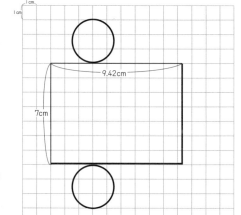

喜楽研の支援教育シリーズ

ゆっくり ていねいに 学べる

算数教科書支援ワーク　5-②

2023 年 3 月 1 日　　第 1 刷発行

イ ラ ス ト：　山口 亜耶 他
表紙イラスト：　鹿川 美佳
表紙デザイン：　エガオデザイン
企画・編著：　原田 善造・あおい えむ・今井 はじめ・さくら りこ
　　　　　　　中田 こういち・なむら じゅん・ほしの ひかり・堀越 じゅん
　　　　　　　みやま りょう（他 4 名）
編 集 担 当：　桂　真紀

発 行 者：　岸本 なおこ
発 行 所：　喜楽研（わかる喜び学ぶ楽しさを創造する教育研究所：略称）
　　　　　　〒604-0827　京都府京都市中京区高倉通二条下ル瓦町 543-1
　　　　　　TEL　075-213-7701　FAX　075-213-7706
　　　　　　HP　https://www.kirakuken.co.jp
印 　 刷：　創栄図書印刷株式会社

ISBN:978-4-86277-406-4

Printed in Japan

喜楽研 WEB サイト
書籍の最新情報（正誤表含む）は
喜楽研 WEB サイトをご覧下さい。

学校現場では，本書ワークシートをコピー・印刷して児童に配布できます。
学習する児童の実態にあわせて，拡大してお使い下さい。